Systemisches Coaching im Leistungssport

Christoph Bedürftig

Systemisches Coaching im Leistungssport

Christoph Bedürftig
Braunschweig, Deutschland

ISBN 978-3-658-15400-4   ISBN 978-3-658-15401-1 (eBook)
DOI 10.1007/978-3-658-15401-1

Die Deutsche Nationalbibliothek verzeichnet diese Publikation in der Deutschen Nationalbibliografie; detaillierte bibliografische Daten sind im Internet über http://dnb.d-nb.de abrufbar.

© Springer Fachmedien Wiesbaden GmbH 2018
Das Werk einschließlich aller seiner Teile ist urheberrechtlich geschützt. Jede Verwertung, die nicht ausdrücklich vom Urheberrechtsgesetz zugelassen ist, bedarf der vorherigen Zustimmung des Verlags. Das gilt insbesondere für Vervielfältigungen, Bearbeitungen, Übersetzungen, Mikroverfilmungen und die Einspeicherung und Verarbeitung in elektronischen Systemen.
Die Wiedergabe von Gebrauchsnamen, Handelsnamen, Warenbezeichnungen usw. in diesem Werk berechtigt auch ohne besondere Kennzeichnung nicht zu der Annahme, dass solche Namen im Sinne der Warenzeichen- und Markenschutz-Gesetzgebung als frei zu betrachten wären und daher von jedermann benutzt werden dürften.
Der Verlag, die Autoren und die Herausgeber gehen davon aus, dass die Angaben und Informationen in diesem Werk zum Zeitpunkt der Veröffentlichung vollständig und korrekt sind. Weder der Verlag noch die Autoren oder die Herausgeber übernehmen, ausdrücklich oder implizit, Gewähr für den Inhalt des Werkes, etwaige Fehler oder Äußerungen. Der Verlag bleibt im Hinblick auf geografische Zuordnungen und Gebietsbezeichnungen in veröffentlichten Karten und Institutionsadressen neutral.

Umschlaggestaltung: deblik Berlin
Einbandabbildung: © artpaseka / Getty Images / iStock

Gedruckt auf säurefreiem und chlorfrei gebleichtem Papier

Springer ist Teil von Springer Nature
Die eingetragene Gesellschaft ist Springer Fachmedien Wiesbaden GmbH
Die Anschrift der Gesellschaft ist: Abraham-Lincoln-Str. 46, 65189 Wiesbaden, Germany

Vorwort

An alle Sportler und Coaches. An alle Sportler-Eltern

Juni 1997, Niedersächsische Jugendmeisterschaften in Wolfsburg. Die ersten beiden Runden habe ich als jeweiliger Favorit klar gewonnen und stehe somit unter den letzten 8 des Wettbewerbes. 2 erfolgreiche Jahre in der Jugend liegen hinter mir und ich habe mir eine ordentliche Ranglistenposition erspielt. Ich gehöre zu den besten 100 Jugendlichen meines Alters in Deutschland. Im Viertelfinale soll es nun zur Auseinandersetzung mit einem der deutschen Führungsspieler kommen. Sein Name ist Dieter und er geht in den meisten Fällen als Sieger vom Platz. Dies führt bei mir zu noch mehr Motivation, denn ich habe nichts zu verlieren.

> Ich habe nichts zu verlieren!

So lautet also meine Bewertung der Situation. Doch weiß ich das erst heute. Damals war es ein glücklicher Zufall, der mir nutzen sollte. Ich betone das, denn aus der systemischen Arbeit wird klar:

> Nicht eine Situation ist das Problem, sondern unsere Bewertung.

Spätestens hier wird deutlich: Wir haben eine Wahl und genau dieses Wissen sollten Coaches bei ihren Schülern einsetzen. Dies ist ein erster Grund, warum ich das vorliegende Buch geschrieben habe. Meine Bewertung für diesen nasskalten Nachmittag lautet also: Ich habe nichts zu verlieren und kann nur glänzen. Verliere ich, so wundert es niemanden, bei dem scheinbar übermächtigen Gegner aus dem Weserbergland. Gewinne ich, so gleicht es einer kleinen Sensation. Und genau so sollte es kommen – zumindest im ersten Satz. Ich schlage Dieter mit 7:5 und spiele das beste Tennismatch meines Lebens. Mein Trainer Wolfgang hat mich gut eingestellt und ich verfolge den Plan. Aus taktischer Sicht gilt Wolfgang als einer der Besten und unter Spielern gilt es als Ehre, bei ihm zu trainieren. Damals glaubte ich, er hätte mich ausgewählt und es dürfe gar nicht jeder bei ihm trainieren. Mit diesem Glauben hatte ich eine Topmotivation, die im Training für schnelle Fortschritte sorgte. Und wieder war es meine Bewertung, in diesem Falle meine Glaube, der dafür sorgte, dass ich auf dem Platz ackerte wie ein Verrückter: der Glaube, nicht jeder dürfe bei Wolfgang trainieren.

Nach dem gewonnenen ersten Satz begann es, fürchterlich zu regnen. „Oh nein. Jetzt kein Spielabbruch", dachte ich. Und doch, so kam es. Das Match wurde auf den nächsten Tag verlegt und das gerade jetzt, wo ich auf der Siegerstraße war. Dieter tat in diesem Moment etwas, was sich später als Geniestreich herausstellen sollte. Ob er es bewusst gemacht hat, weiß ich bis heute nicht. Er kam nach dem Match in der Umkleidekabine zu mir und sagte: „Wenn es nicht angefangen hätte, zu regnen, hätte ich aufgegeben, mir ging es nicht gut." Und damit hatte er mich. Es sollte zwar eine Nacht dauern, aber am nächsten Morgen verlor ich das Match noch bei bestem Wetter innerhalb von nur 60 Min. Trotz Matchplan, trotz Fitness. Warum nur? Ganz einfach. Ich ärgerte mich seit dem Vorabend über die Regenpause und verlor meine Konzentration. Game Set Match. Turnier vorbei. Dieter wurde Landesmeister, nicht ich. Hier habe ich gelernt:

> Ärgern Sie sich nicht über das auf dem Platz, was Sie nicht beeinflussen können.

Nun werden einige Leser denken: „Ja, aber wie soll ich mich nicht ärgern? Das passiert automatisch!" Richtig. So dachte auch ich. Damals. Heute weiß ich es besser. Wir haben eine Wahl. Wir können uns zwar nicht „nicht ärgern"… – denken Sie mal nicht an einen blauen Elefanten! Sehen Sie, das geht nicht –, aber wir können an etwas anderes denken. So auch auf dem Platz. Ärgern Sie sich nicht. Tun Sie dafür etwas anderes. Etwas Einstudiertes. Was? Egal. Finden Sie selber heraus, was das für ein Gedanke, Ritual es sein könnte. Etwas. das Sie genau für diesen Moment einstudiert haben – ein Gedanke zum Beispiel, das Greifen an den Schnürsenkel, egal, was …

Genau solche Dinge hätte ich früher gerne erfahren. Aber ich hatte schlichtweg keinen, der mit mir darüber gesprochen hat. Ich hätte diese Hilfe wirklich gebrauchen können. Schließlich sah ich oft keinen anderen Ausweg als das Fluchen, das Beschimpfen der Gegner, das Zerbrechen meiner Schläger. Meine Eltern können ein Lied davon singen. Schließlich sagten sie: „Noch ein Schläger bricht und Tennis ist vorbei." Sie drohten also mit Strafe. Statt das zu belohnen, was gut funktioniert, wurde das unter Strafe gestellt, was nicht sein sollte. Was macht jedoch ein Hund, der dafür bestraft wird, in eine Ecke des Wohnzimmers gemacht zu haben? Er macht in die andere. So auch bei mir. In Teilen hat die Strafandrohung funktioniert. Zumindest flog kein Schläger mehr, aber dafür konnte ich dennoch nicht besser mit meiner Wut umgehen. Letztlich führte es dazu, dass irgendwann der Spaß am Wettkampf der Angst vor dem Verlieren wich. Das werden viele kennen und es ist letztlich die hinderlichste Einstellung, mit der man auf den Platz gehen kann. Ich entschied mich mit 18, den Traum der Tennisspieler-Laufbahn auszuträumen und begann eine Ausbildung. So wie Papa. „Vielleicht bekomme ich dann seine Anerkennung." Sie haben richtig gelesen. Ich rackerte mich wie so viele Jugendliche auf dem Platz ab, um Anerkennung zu bekommen. Liebe. Die Liebe meines Vaters, die oft ausblieb und der Kritik wich.

Ich habe das erkannt, als ich das Buch von W. Timothy Gallwey (2012) über das innere Spiel las. Er fragte den Leser in seinem Buch „Tennis – Das innere Spiel: Durch entspannte Konzentration zur Bestleistung":

> Wenn Sie sich auf dem Platz beschimpfen … Wer redet da eigentlich mit wem?

Warum die Liebe meines Vaters nicht zu spüren war? Ich kann es nur erraten, aber ich habe meinen Frieden damit gemacht. Kürzlich hörte ich einen prominenten Vater im Radio sagen: „Ich sollte meine Tochter nicht loben, nachher wird sie noch bequem!" An den Vater gerichtet kann ich da nur sagen: „Schämen Sie sich. Ihre Tochter ist 18. Sie braucht Ihren Zuspruch. Meinen Sie, Ihre Tochter hat ein so Gottgegebenes Talent beim Zeichnen oder würde es nur tun, weil es Sie gibt? Ich denke, sie liebt, was sie tut, und das sollten Sie verdammt nochmal fördern. Sonst macht sie am Ende auch irgendwas, nur um Papa zu gefallen."

Ich werde emotional beim Schreiben… Aber das ist gut so. Denn genau diese Leidenschaft soll in mein Buch einfließen.

Ich weiß heute, dass meine Eltern es selbst nicht besser wussten. Und irgendwie kann ich auch dankbar sein, denn heute weiß ich umso mehr und schreibe dieses Buch. Jedoch ergeht es auch vielen anderen Kindern, Jugendlichen, Hobbyspielern und Profis so. Sie drehen durch auf dem Platz, als ginge es um Leben und Tod. Und das tut es für diese Spieler auch in dem Moment. Zumindest gefühlt. Oder glauben Sie, die finden es cool, einen Schläger vor 5000 Zuschauern zu zerlegen? Bei diesen Spielern läuft ein inneres Programm ab. Niederlage oder gar ein Punktverlust wirkt für sie so schwer, weil in diesen kleinen Momenten des Scheiterns einfach uralte Gefühle aus ihrer Kindheit erneut erlebt werden können. Das sieht man daran, dass sich ein Erwachsener nun mal nicht tobsüchtig verhalten würde. Ein Kind schon. Es ist das innere Kind, was da schreit und tobt. Ist man dem nun ausgeliefert? Nein. Und genau darum soll es in meinen Buch gehen.

Ich schreibe dieses Buch für all die talentierten Sportler, die sich selbst noch nicht richtig kennen. Egal in welchem Alter. Ich schreibe dieses Buch für all die Eltern, die auch nicht wissen, wie sie mit ihrem cholerischen Kind umgehen sollen. Ich schreibe es für alle Trainer, die ihre Sportler ganzheitlich formen wollen. Ich schreibe es für Profis, die körperlich mit den besten Sportlern mithalten können, aber in den entscheidenden Momenten dann doch verlieren. Denn Wettkampf wird im Kopf entschieden. Sprechen Sie mal mit Toni Nadal oder Boris Becker darüber. Dieses Buch ist außerdem bestimmt für alle Coaches, die sich näher mit unserer Arbeit im Sport befassen wollen. Am Ende schreibe ich dieses Buch, weil ich Sport über alles liebe und einen kleinen Teil dazu beitragen möchte, dass es vielleicht mancher zukünftig leichter hat. Wir werden viele Tennisbeispiele in diesem Buch besprechen, aber diese lassen sich leicht auf andere Sportarten übertragen. Ich lade Sie herzlich ein, weiterzulesen, auch wenn Sie aus einer ganz anderen Richtung als dem Tennis kommen. Abschließend möchte ich Ihnen eine Frage stellen:

> Welchen Grund könnte es geben, das Problem zu behalten?

Inhaltsverzeichnis

1	Leseanleitung	1
2	Systemisches Coaching	7
3	Worauf Sie sich fokussieren, davon bekommen Sie mehr	11
4	Der Zielfilm	17
5	Eine Fallanalyse und die Suche nach Ausnahmen	23
6	Der Servant Leader – Ein Muster des modernen Coaches	29

7	Nicht die Menschen bilden ein System, sondern ihre Kommunikation!	35
8	PAM, was uns wirklich motiviert?	45
9	Reframing – Die Wahl, eine Sicht zu wechseln	53
10	Das innere Team	57
11	Mit der richtigen Einstellung an den Start gehen	61
12	Die Arbeit am System	67
13	Erfüllt Sie, was Sie tun?	73
14	Wo stehen Sie?	81
15	Wettkampf und Selbstwert	85
16	Matchplanung heißt auch Gedankenplanung	91
17	Visualisierung	95
18	Wohin mit den ganzen Emotionen?	99
19	Was funktioniert gut und wie bekomme ich mehr davon?	105

20	Mal gewinnt man, mal lernt man!	111
21	Passen Sie auf, was Sie denken	115
22	Die Retrospektive	121
23	Den Dingen den richtigen Stellenwert geben	125
24	Freiwilligkeit und „Pull-Prinzip"	133
25	Agilität – für die Trainingsarbeit aus modernen Organisationen lernen	143
26	Interview mit Erwin Skamrahl: Ein Spitzensportler zum Thema mentales Coaching im Leistungssport	149
27	Was wirklich zählt	155

1

Leseanleitung

Zusammenfassung Dieses Kapitel soll dem Leser vermitteln, wie er dieses Buch „nutzen" kann, als was er es sehen kann und als was er es nicht sehen sollte. Denn dieses Buch ist kein Ratgeber, es ist vielmehr „Beratung ohne Ratschlag". Coaches wollen den Klienten dazu befähigen, zur Selbsterkenntnis zu gelangen und das versucht auch dieses Buch.

In den folgenden Zeilen möchte ich Ihnen, liebe Leserinnen und Leser, eine Idee davon liefern, wie Sie dieses Buch „nutzen" können, als was Sie es sehen können und als was Sie es nicht sehen sollten. Einsteigen möchte ich daher mit dem einzigen, aber ernst gemeinten Ratschlag dieses Buches, denn dieses Buch ist kein Ratgeber:

Wenn Sie möchten, dass alles so bleibt wie es ist, wenn Sie meinen „das haben wir schon immer so gemacht", wenn Sie Angst vor Veränderung haben, dann sollten Sie dieses Buch lieber weiter verschenken oder es einfach zu den anderen legen.

„Systemisches Coaching im Leistungssport" stellt zu viele Fragen, die alles Gewohnte auf den Prüfstand stellen. Es stellt zu viele Fragen, als dass man nach dem Lesen einfach so weitermachen könnte wie bisher, in der Hoffnung, dass sich die Dinge dann zum Positiven wenden. Ein Zitat von Albert Einstein (1879–1955) finde ich sehr treffend:

> Wahnsinn ist, immer wieder das Gleiche zu tun und auf andere Ergebnisse zu hoffen.

„Systemisches Coaching im Leistungssport" ist kein Ratgeber. Ich wiederhole diesen Satz, denn ich möchte erklären, was ich damit meine. Systemisches Coaching ist Beratung ohne Ratschlag. Wir Coaches wollen vielmehr den Klienten dazu befähigen, zur Selbsterkenntnis zu gelangen. Und das versucht auch dieses Buch. Daher werden Ihnen im Laufe der Kapitel sehr viele Fragen begegnen. Einige werden Ihnen überflüssig oder längst geklärt erscheinen. Andere werden Sie für sich sehr befriedigend beantworten können. Dazu möchte ich Ihnen schon jetzt gratulieren. Sie sind einen sehr richtigen Teil des Weges bereits gegangen. Zu guter Letzt wird es einige Fragen geben, und dass sind die entscheidenden, auf die werden Sie zunächst keine Antworten wissen. Und das ist auch gut so. Denn immer, wenn ich keine Antwort weiß, gibt es die Chance, etwas Neues über mich zu lernen. Diese Fragen werden es sein, die wahre Veränderung im Denkprozess, in Ihren Sichtweisen und in Ihrem künftigen Handeln verursachen.

Die entscheidenden Fragen in diesem Buch werden Sie über den Tag begleiten und Sie zum Grübeln bringen. Genau das ist, was ich mit meinem Buch erreichen möchte: eine echte, positive Veränderung für Ihre künftige Arbeit auf und neben dem Sportplatz bewirken. Dies geht nur, und als Systemiker kann ich es nur so sehen, indem ich Ihnen die richtigen Fragen stelle. Einen Ratschlag werden Sie daher nur zwischen den Zeilen entdecken.

Wie Sie dieses Buch lesen können

Die Kapitel von „Systemisches Coaching im Leistungssport" bauen nur bedingt aufeinander auf. Nachdem Sie die ersten einleitenden Kapitel gelesen haben, können Sie jederzeit ein- und aussteigen, wo Sie möchten, und das möchte ich Ihnen auch empfehlen. Blättern Sie und fragen Sie sich: „Was spricht mich heute am ehesten an?" Lesen Sie mit Freude und lassen Sie sich die Zeit, die Sie brauchen, denn manches Mal werden Sie sich vielleicht die Haare raufen und so manche neue Erkenntnis, die Sie erlangen werden – dies ist ein Versprechen – braucht nun mal „Ihre" Zeit, um verarbeitet zu werden. Dieses Buch habe ich mit Leidenschaft geschrieben. Es war keine Arbeit, das zu Papier zu bringen, was Sie gerade lesen. Es war pure Freude am TUN. Das Buch hat mir gezeigt, was es mit dem Satz „der Weg ist das Ziel" auf sich hat: Der Lohn fürs Schreiben kam schon beim Schreiben. Immer. Auch Ihnen wünsche ich, dass Sie in Ihrer künftigen Arbeit genau das erleben. Wenn Sie die Fragen des Buches ernsthaft für sich beantworten, dann könnte auch für Sie ein wahrhaft neuer Weg beginnen. Ein Weg zu mehr Erfüllung und Erfolg im Sport, beim Training und im Wettkampf. Also, lesen Sie quer! Und erlauben Sie sich die Offenheit und den Mut, den es braucht, Veränderungen zuzulassen. Halten Sie nicht an Altem fest, nur weil Sie meinen, das war schon immer so.

Viele Menschen halten an ihren Sorgen und Problemen fest, weil sie sich ohne sie schlichtweg nicht auskennen. Denn ein Problem hat so viel Schlechtes wie Gutes. Das Gute am Problem ist zum Beispiel, dass es eines schafft: Leitplanken. Der nervende Job zum Beispiel. Er ärgert vielleicht täglich, aber er gibt Struktur und Sicherheit. Worüber würden sich viele wohl ärgern, wenn es ihn nicht gäbe? Stellen Sie sich mal ein Problem vor, dass Sie häufig nervt und denken Sie genau über diese Frage nach:

> Worüber würden Sie sich ärgern, wenn das Problem gelöst wäre?

Eine Dame, mit der ich mal über ein „Gewichtsproblem" sprach, erkannte nach dieser Frage schnell, dass es besser wäre, die 4 kg zu viel zu behalten und sich zu akzeptieren. Zu groß war ihre Sorge vor dem, was kommen könnte, wenn das Problem gelöst wäre. Angelehnt an ein Zitat Kafkas[1] lässt sich das so beschreiben:

---

[1] Franz Kafka schreibt am 13. Januar 1920 in sein Tagebuch (2008, S. 175): „Der Gefangene war eigentlich frei […], selbst verlassen hätte er den Käfig können, die Gitterstangen standen ja meterweit auseinander, nicht einmal gefangen war er."

Unser Problem ist wie ein Gefängnis, dessen Gitterstäbe so weit auseinanderstehen, dass wir nur hindurchgehen müssten, um freizukommen. Aber wir gehen nicht hindurch. Und warum? Weil wir uns in Freiheit nicht auskennen.

Ich wünsche Ihnen nun eine schöne Zeit mit Ihrem neuen Buch und würde mich freuen, wenn wir in Zukunft über das ein oder andere diskutieren.

Ein Dank geht dabei an…

Meine Eltern Michael Christian und Sabine Frida Ilse, denn sie haben mir vieles ermöglicht, was nötig war, damit diese Zeilen entstehen können. Meine Schwester Christina, die ich für Ihren Mut bewundere. Boris Gloger, denn er hat mir meine systemische Coachingausbildung ermöglicht und mir gezeigt, was es bedeutet, Bücher zu schreiben. David Holzer, denn er war mein erster „Servant Leader". Christine Anne Kuebel, denn sie war mein systemischer Coach und hat mich zu meiner systemischen Ausbildung ermutigt. Wolfgang Reinl, denn er hat mich zu einem besseren Tennisspieler gemacht und mir bis heute bewiesen, wie wichtig es ist, dass besonders junge Sportler mentale Begleitung benötigen. Vor allem danke ich meinen Freunden, denn sie waren in schweren Zeiten für mich da und haben mir gezeigt, worauf es im Leben wirklich ankommt. Danke Teo, Matilda, Wiebke und Hannes. Danke „Melrose Place" für das viele Lachen. Danke Michael für Deine Freundschaft und Dein vor allem wahres Interesse. Danke Maciej, dass Du mich im Schulbus gefragt hast, ob wir „mal" Tennis spielen. Es hatte starke Auswirkungen auf mein heutiges Leben. Danke David für viele viele Stunden Training und 20 gemeinsame Jahre. In guten wie in schlechten Zeiten.

Literatur

Kafka, Franz (2008) Tagebücher, Bd. 3: 1914–1923. Frankfurt a. Main: S. Fischer Verlag.

2

Systemisches Coaching

Zusammenfassung In diesem Kapitel beschäftigen wir uns mit den Fragen: Was ist Systemisches Coaching? Wo liegen die Ursprünge dieser Beratungsform und was sind ihre Ziele?

Systemisches Coaching ist etwas, das mein Denken völlig verändert hat. Für mich ist es weit mehr als nur eine Coachingmethode. Für mich ist es eine Haltung. Eine ressourcenorientierte, auf Lösungen fokussierte Haltung des Gelingens, die davon ausgeht, dass jeder alle Ressourcen schon in sich trägt, um ein Problem zu lösen. Wir holen sie nur wieder ins Bewusstsein, aktivieren sie durch unsere Arbeit. Manchmal wechseln wir auch „nur" den Blick, die Perspektive, und wählen so eine neue Bewertung unserer Situation.

Systemisches Coaching entstammt der Familientherapie und ist eine Beratungsform ohne Ratschlag, die sich nur für Lösungen interessiert und wenig für Gründe wie Ursachen. Die systemische Arbeit nennt sich oft auch Kurzzeit-Beratung, weil der Klient, ich möchte ihn ab jetzt Coachee nennen, schon nach der ersten gemeinsamen Sitzung mit neuen Maßnahmen, Handlungsalternativen und vielleicht sogar schon Lösungen in den Alltag entlassen wird. Wir beschäftigen uns gemeinsam mittels vieler „Methoden" und Interventionen ausführlich mit der Zukunft und dem, was sein soll. Natürlich gibt es auch Raum, um das Problem genau zu beleuchten. Was in unserem Fall aber nur heißt, dass wir es genau verstehen wollen, nicht jedoch seine Gründe. Die Namensgebung „systemisch" – und das ist das Besondere an systemischer Beratung- sagt außerdem aus, dass jeweils das gesamte „relevante Umfeld" mit in die Beratung einbezogen wird. Der Coachee wird also nicht isoliert betrachtet, sondern unter Einbeziehung des relevanten Umfelds wie z. B. der Familie oder den Kollegen (Familiensystem/Arbeitssystem). Steve DeShazer, Psychotherapeut und Autor aus den USA prägte den Satz:

Der Lösung ist egal, wie das Problem entstanden ist.

Systemisches Coaching ist:

- Lösungsorientiert
- Beratung ohne Ratschlag
- Schnell umsetzbar und wirksam
- Arbeit für die Zukunft
- Handlungsorientiert
- Gut, um neue Perspektiven einzunehmen

In den folgenden Kapiteln möchte ich einerseits sofort umsetzbare „Tools" für die Leser vorstellen. Darüber hinaus möchte ich meine Arbeit an tatsächlichen Fallanalysen schildern sowie die Wichtigkeit der mentalen Arbeit und Stärke durch ein Interview mit Spitzensportlern verdeutlichen. Das Buch bietet neben Einblicken in die systemische Arbeit auch wirksame Erkenntnisse aus der Psychologie, aus dem Bereich Leadership sowie der modernen Wirtschaftswelt, von der wir als Coaches für die Zukunft lernen können.

3

Worauf Sie sich fokussieren, davon bekommen Sie mehr

Zusammenfassung Wenn wir uns im Training darauf konzentrieren, weniger Fehler zu machen, fokussieren wir uns erst recht auf die Fehler. Vielmehr sollten wir uns auf das Wünschenswerte, statt auf das Fehlerhafte konzentrieren. Hierbei können systemische Ansätze helfen, die in diesem Kapitel auch auf eine konkrete Übung im Tennistraining übertragen werden.

Im Tennis ist bekannt, dass bei den TV-Übertragungen nach je einem Satz eine Statistik erscheint, in welcher verschiedene Zahlen zum Spiel abgebildet werden – so zum Beispiel die Anzahl der sogenannten „unerzwungenen Fehler". Hierbei handelt es sich um Bälle, die ein Spieler ohne wirklichen Grund verschlägt. Mittlerweile gibt es sogar Apps, die Trainern die Möglichkeit geben, das Spiel in Zahlen zu dokumentieren, eben solche Fehler oder ähnliches festzuhalten, das Ganze auszuwerten und am Ende in die Trainingsarbeit einzubauen: welch toller technischer Fortschritt! Aber, und hier möchte ich einen Vergleich zur Software-Entwicklung ziehen. Wenn wir uns auf Fehler konzentrieren – letztlich Probleme – dann bekommen wir mehr davon. Steve DeShazer, ein berühmter Forscher im Bereich der Psychotherapie, prägte den Satz:

> Worauf Sie sich fokussieren, davon bekommen Sie mehr.

Was also, wenn wir uns im Training darauf konzentrieren, weniger Fehler zu machen, was ja an sich sinnvoll ist. Wir fokussieren uns auf Fehler und der Spieler wird denken: „keinen Fehler machen" (Da haben wir es wieder, das Beispiel mit dem blauen Elefanten. Denken Sie nicht an einen blauen Elefanten. Und Sie tun es doch.). Der Spieler wird umso mehr Fehler produzieren.

Ich ziehe den Vergleich zur Software, denn hier hat das Fehlermanagement immer wieder große Bedeutung. Teams setzen sich Ziele, wie im nächsten Arbeitsabschnitt 8 Fehler zu produzieren. Es klingt seltsam, so aus dem Zusammenhang gerissen, aber es macht deutlich, worauf ich hinaus will: Natürlich hatte das Team zuvor mehr Fehler und will jetzt nur noch 8 machen. Aber es macht schlichtweg keinen Sinn, sich auf Fehler zu konzentrieren. Die Frage muss lauten – und sie ist nicht jedes Mal leicht zu beantworten:

Was wollt ihr stattdessen?

Der Buchautor Boris Gloger beschreibt es in einem Vortrag so:

> Ignorieren Sie unerwünschtes Verhalten und loben Sie das Erwünschte. Immer wieder. In jedem Training mit Hunden oder Pferden würden Sie es ja auch machen.

Da stimme ich ihm zu. Durch diese Art und Weise sorgen wir dafür, uns auf das Wünschenswerte statt auf das Fehlerhafte zu konzentrieren. Und es tritt ein. Dazu kommt, dass Sportler, ebenso wie andere Menschen, Belohnungen reizvoll finden. So auch das Lob, welches mir am Ende des erwünschten Verhaltens winkt. Ich richte mich hier also an Sportler und Coach gleichermaßen.

- Was läuft gut und wie bekommen wir mehr davon?
- Was ist das Erwünschte statt des Unerwünschten?

Viele Menschen leben ihr Leben, indem sie immer wieder entscheiden, was sie nicht wollen. Das Ausschlussprinzip. So weit, so gut. Aber was kommt, wenn man immer nur weiß, was man nicht will? Vergleichen wir es mit einem Anruf beim Pizzalieferanten: „Hallo, hier Müller. Ich hätte gern keine Pizza Salami. Ach ja, und eine Cola möchte ich auch nicht!" Sehen Sie: Es macht keinen Sinn, sich auf das Unerwünschte zu fokussieren. Denn dann kommt irgendetwas – oder gar nichts. Wichtig ist, dass wir uns klar machen, was wir wirklich wollen. Um bei unserem Beispiel, den unerzwungenen Fehlern zu bleiben, so könnte man nun meinen, dass doch klar sei, was ich will, wenn es keine Fehler sein sollen … Nun frage ich aber zurück:

Was ist denn das Gegenteil? Ich verspreche Ihnen Folgendes: Wenn ich diese Frage 5 Coaches stelle, so erhalte ich 5 Antworten. Jede genau so richtig wie die andere. Also: Was wollen Sie, wenn keine Fehler? Den Ball in 1 m Höhe über das Netz spielen? Den Ball 1 m vor die Grundlinie spielen? Wir sehen, es gibt mehrere Optionen. Fokussieren wir uns auf das, was sein soll. Wenn dabei weniger Fehler entstehen und gemessen werden, umso besser. Aber es zeigt, die Fehlerzahl ist nur ein Resultat. Sie steht aber nicht im Fokus, so wie das Entstehen meines Buches „nur" ein logisches Resultat meines Tuns ist. Im Zentrum stehen das Schreiben und die Freude daran.

Beispiel

Eine Klientin sagte mal zu mir: „Das ist mein Problem. Ich kann nichts tun. Ich habe keine Einflussmöglichkeiten und sehe keine Lösung." Ihr „Leidensdruck" läge bei neun, so die Klientin. Ich ließ sie in allen Farben beschreiben, was anders wäre, wenn ihr Problem gelöst sei und wer sich dann wie verhalte und wie sich das anfühle und woran sie das merken würde. Darauf berichtete sie eine Menge und ich schrieb jede Antwort auf ein einzelnes Post-it und klebte diese ca. 15 bunten Zettelchen auf den Tisch vor sie. Nun fragte ich sie, welchen dieser Punkte sie selbst durch ihr Handeln beeinflussen könne und bat darum, die jeweiligen Post-its mit einem Edding zu markieren. Sie tat dies bei ungefähr der Hälfte. Dann sortierte ich den bunten Papierhaufen, sodass letztlich etwa 7 dieser Zettelchen vor ihr auf dem Tisch zu sehen waren. Auf alle hatte sie laut eigener Aussage einen Einfluss. Nun fragte ich sie erneut: „Wie sieht es nun mit deinen Einflussmöglichkeiten aus?" Für das, was dann in ihrer Mimik geschah, betreibe ich Coaching. Der Moment, in dem es Klick macht und eine wahrhafte Veränderung beim Coachee/Klienten zu entdecken ist, ist der Moment, der mich tief erfüllt.

> Ihr Leidensdruck war auf mein Nachfragen nun bei gefühlten 5. Wir kamen von 9. Einfach deswegen, weil wir es geschafft haben, den Blick auf das Thema zu verändern. An der Situation haben wir zu diesem Zeitpunkt rein gar nichts geändert.

In solchen Augenblicken erinnere ich mich immer an den Satz:

> Nicht eine Situation ist das Problem, sondern unsere Bewertung!

Man findet nur, wonach man sucht!

Auch auf diese Weise könnte die Überschrift unseres Kapitels lauten: „Worauf Sie sich fokussieren, davon bekommen Sie mehr." Lassen Sie uns diese systemischen Ansätze einmal auf eine konkrete Übung im Tennistraining übertragen – als kleines Experiment.

> **Praxisbeispiel**
>
> **Ausgangslage:** 2 Spieler und ein Coach.
>
> **Übung:** Die Spieler haben die Aufgabe, den Ball auf der Vorhandseite 3 min lang kross zu schlagen. Wir kündigen an, dass wir die Fehler zählen. Das Ziel sei, so wenig Fehler wie möglich zu machen. Am Ende notieren wir die Anzahl der Fehler.
> Im zweiten Durchgang sagen wir den Spielern, die Aufgabe sei, wieder den Ball 3 min auf der Vorhandseite kross zu schlagen. Diesmal mit dem Ziel, der Ball solle jedes Mal

> in 1 m Höhe über das Netz fliegen. Was wir den Spielern diesmal nicht sagen: Wieder zählen wir die Fehler.
> Es wird ein kleines Wunder geschehen. Denn die Spieler fokussieren sich auch in dieser 2. Runde auf das, was im Fokus steht: Der Ball soll in 1 m Höhe übers Netz.

Die Fehler stehen nicht im Fokus und somit werden die Spieler weniger davon produzieren. Nur weil wir sie nicht in das Zentrum des Geschehens gestellt haben. Man könnte auch sagen:

> Nicht: Machen Sie weniger Fehler! Sondern: Spielen Sie sicher!

Zusammengefasst möchte ich also noch einmal klar machen, worum es geht. Nämlich, jenes ins Geschehen und den Fokus zu stellen, was sein soll, nicht, was nicht sein soll. Wie in einer Beziehung. Feedback tut weniger weh, wenn wir dem Partner sagen, was wir uns wünschen, statt an dem zu mäkeln, was uns nervt.

4

Der Zielfilm

Zusammenfassung Die meisten von uns wissen, was sie nicht wollen, aber nicht, was sie wollen. Doch: Wo wollen wir hin? Wie funktioniert das im Alltag? Das heißt, wie lässt sich das mit unseren Lebensbereichen Familie, Beziehung, Beruf, Freunden und unserer Gesundheit vereinbaren? Die sogenannten „Wunderfragen" von Insoo Kim Berg sind eine bewährte Technik, um in den sogenannten Zielfilm zu gelangen. In diesem Kapitel erfahren Sie, wie Sie Ihren Zielfilm formulieren.

Wie im Kapitel zuvor beschrieben, wissen die meisten Menschen, was sie nicht wollen. So weit, so gut. Ich stelle die provokante These auf, dass genau dies jedoch der Grund dafür ist, warum die meisten Menschen ein recht unerfülltes Leben führen. Vor allem beruflich. Sie geben sich zufrieden, sie finden sich ab, sie leisten Dienst nach

Vorschrift und hoffen darauf, dass irgendwann eine Eingebung kommt – oder der Lottogewinn. Ich glaube, wir wussten als Kinder im Gegensatz zu den Erwachsenen sehr genau, was uns begeistert, und sind dem gnadenlos gefolgt. Irgendwann ist uns das abhandengekommen oder aberzogen worden. Fragen Sie sich doch einmal: Was würde der oder die 5-Jährige, der Sie mal waren, zu dem Job sagen, den Sie heute machen? Was wollten Sie werden, als Sie klein waren? Ich kann mich gut erinnern, was das war, und irgendwann habe ich es aus den Augen verloren. Wie die meisten von uns. Aber eines hat mich schon als Grundschüler begeistert: das Schreiben und Erfinden von Geschichten. Und genau dieser Leidenschaft gebe ich heute Raum, indem ich zum Beispiel dieses Buch schreibe. Nicht, um bekannt zu werden oder damit viel Geld zu verdienen, nein, um des Schreibens willen. Ein Philosoph sagte mal: „Glück ist, einer Beschäftigung nachzugehen, die einem Freude macht". So erlebe ich das auch. In diesen Sekunden, in denen ich dieses Buch schreibe.

Stichwort Buch, denn ich möchte auf das eigentliche Thema das Kapitels kommen: In vielen Büchern lese ich begeistert über tolle Themen, aber meistens vermisse ich Folgendes:

> Wie funktioniert das im Alltag? Wie verdiene ich mein Geld, wenn ich nun meiner Erfüllung folge?

All das sind berechtigte und zu beantwortende Fragen. Und damit möchte ich einleiten. Ich glaube, wir sind schon einmal einen riesengroßen Schritt gegangen, wenn wir wissen, was wir wollen. Die meisten wissen es nicht, behaupte ich. Sie wissen, was sie nicht wollen, aber das führt uns irgendwo hin. Oder nirgends. Machen wir uns also klar, wo wir hin wollen. Der Live Coach Lars Amend hat mir einmal ein tolles Bild vermittelt. Er sagte, dass wir im Grunde in unserem Leben mit 5 Bällen jonglieren, die da heißen:

- Gesundheit
- Familie
- Beziehung
- Beruf
- Freunde

All diese Bälle sind sehr zerbrechlich und dürfen beim Jonglieren nicht herunterfallen – bis auf einen: der Beruf. Er ist austauschbar. Ich teile das insofern, als dass es zeigen soll, was im Leben wichtig ist. Nach dem Motto: Gesundheit ist nicht alles, aber ohne Gesundheit ist alles nichts. Es zeigt also eine Priorität und somit wird klar, warum der Berufsball auch mal fallen darf, die anderen Bälle aber lieber in der Luft bleiben sollten. Noch niemand hat auf dem Sterbebett gesagt: „Ich hätte mehr Zeit im Büro verbringen sollen!"

Wie ist es also zurzeit um Ihre Lebensbereiche bestellt? Und wenn Sie die Notwendigkeit einer Veränderung sehen, so möchte ich jetzt mit Ihnen beginnen und Sie einmal dahin führen, wo es so ist, wie Sie es wollen. Auch wenn Sie das doch so schwer selber wissen. Bleiben wir in unserem Beispiel beim Thema Sport: Sie stört etwas maßgeblich.

Sie bringen nicht die Leistung, die Sie sich vorstellen oder sind unzufrieden mit Ihrem Team oder Coach.

> **Gedankenexperiment**
>
> Stellen Sie sich vor, in 4 Wochen gehen Sie abends zu Bett, schlafen ein und nachts geschieht ein Wunder. Es bewirkt, dass Ihr Problem verschwunden ist. Sie merken es aber nicht, denn Sie schlafen ja. Nun wachen Sie morgens auf und Ihr „Problem" ist verschwunden.
> - Woran merken Sie es?
> - Was ist anders?
> - Wie fühlen Sie sich?
> - Was tun Sie?
> - Wie verhalten sich die anderen?
> - Wer bemerkt es außer Ihnen?

Die sogenannten Wunderfragen von Insoo Kim Berg, einer verstorbenen Therapeutin aus den USA, sind eine ungewöhnliche aber wunderbare Technik, um in den Zielfilm zu gelangen, also an den Ort, wo es so ist, wie es sein soll. Bleiben wir weiter beim Sport. Stellen Sie sich vor, Sie haben den Wettkampf gewonnen, Gratulation!

- Was ist besonders gut gelaufen?
- Wie hat sich Ihr Coach verhalten?
- Wie fühlen Sie sich?
- Was haben die Zuschauer gesehen?
- Wie haben Sie sich verhalten?

All diese Fragen lenken unsere Aufmerksamkeit. Sie lenken Sie auf das, was sein soll und nicht auf das defizitäre, was uns stört.

Dieser sogenannte Zielfilm sollte in allen erdenklichen Farben und so detailliert wie möglich ausgemalt werden, inklusive der Emotionen, die wir am Zielort fühlen werden. Denn dies erhöht seine Anziehungskraft. Bodie Miller beispielsweise fährt vor seinem eigentlichen Start am Renntag den gesamten Lauf in Gedanken ab. Inklusive Jubel. So visualisiert er schon vor dem Start das, was sein soll. Der Erfolg gibt ihm Recht.

Der Zielfilm hat einen spannenden Hintergrund. Vor vielen Jahren traf der Psychotherapeut und Autor Steve DeShazer auf eine Klientin, die ein so schlimmes Problem hatte, dass sie nicht darüber reden konnte. DeShazer war zunächst ratlos und wusste nicht recht, mit ihr zu arbeiten. Bis ihm schließlich ein Gedanke kam, der genial war und letztlich zu einem wichtigen Bestandteil dessen gehört, was wir heute Coaching nennen: der Zielfilm. Er fragte die Klientin einfach, wie es wäre, wenn ihr Problem gelöst sei. Nun war sie in der Lage, zu beschreiben, wie es sein soll. Aus Erfahrung möchte ich an dieser Stelle sagen, dass schon sehr viel erreicht ist, wenn dem Coachee oder Klienten klar ist, wo es überhaupt hingehen soll. Im Leistungssport kann das heißen – und hier berichte ich von einem tatsächlichen Beispiel –, dass Elternteile nicht mehr bei jedem Wettkampf zuschauen dürfen, weil sich das als Druck auf ihren Sprössling auswirkt. Oder es kann dazu führen, dass man Tennisschlägern Namen gibt, um sie in Zukunft nicht mehr durch die Gegend zu schmeißen. Die Möglichkeiten sind grenzenlos.

Letztlich lässt sich der Zielfilm auf alle Lebensbereiche anwenden, die ich eingangs aufgezeigt habe. Probieren Sie es doch einmal aus. Aber Vorsicht, wenn erst einmal klar ist, was am Ende der Reise sein soll, dann könnte ein großer Veränderungswunsch in Ihnen wach werden.

Ich kenne einige Coaches, die darüber klagen, dass sie nur schwer Zugang zu ihren Schülern auf dem Trainingsplatz finden. Die Schüler hingegen klagen über mangelnde Motivation. Ich möchte Sie einladen, doch einmal einen Zielfilm zu formulieren, aus jeder Perspektive: der des Coaches und der des einzelnen Sportlers.

Angenommen, Sie haben eine richtig erfolgreiche Trainingswoche hinter sich und sitzen bei kühlen Getränken in der Klubgaststätte:

> **Fragen**
> - Was lief besonders gut?
> - Wie fühlen Sie sich?
> - Wer hat sich wie verhalten?
> - Worauf sind Sie als Team stolz?
> - Wofür sind Sie dankbar?
> - Welche Erfolge haben Sie erzielt?
> - Und nun vergleichen Sie. Der Rest ergibt sich.

5

Eine Fallanalyse und die Suche nach Ausnahmen

Zusammenfassung In den entscheidenden Momenten des Wettkampfes gilt es, die hilfreichen Denkmuster abzurufen und die hinderlichen zu verbannen – all dies sind Dinge, über die der systemische Coach mit den Sportlern spricht. Anhand eines Praxisbeispiels schildert dieses Kapitel eine wirksamen Technik des Coachings: die „Suche nach Ausnahmen".

Auf meiner Website www.systemisches-coaching.me schreibe ich davon, wie die wirklichen Spitzensportler im entscheidenden Wettkampfmoment noch stärker werden, wo hingegen andere vielleicht ängstlich reagieren, weniger fokussiert und vorsichtiger werden, statt ihrem Plan zu folgen. Angst steigt in ihnen auf. „Was passiert, wenn ich verliere?" könnte ein Gedankengang sein. Mit Freude am Wettkampf, statt mit Angst vor dem Verlieren auf den

Platz oder die Rennbahn gehen, dies ist nur eines von vielen möglichen Zielen, welche ich durch die mentale Arbeit mit den Sportlern erreichen kann. In den entscheidenden Momenten des Wettkampfes dann noch die hilfreichen Denkmuster abrufen und die hinderlichen verbannen – all dies sind Dinge, über die ich als systemischer Coach mit den Sportlern spreche.

Aus meiner Zeit als aktiver Tennis-Turnierspieler kann ich nur zu gut verstehen, wie wichtig die richtige mentale Einstellung und ein klarer Kopf sind. Genau dies waren Punkte, die mir selber nämlich überhaupt nicht leichtgefallen sind. Gefühlschaos und rasende Gedanken, Angst vor der Niederlage, Wut, Resignation. All dies konnte ich nur schwer im Griff behalten und war bekannt dafür, mein Material nicht besonders pfleglich zu behandeln. Schläger brachen, Flaschen gingen zu Bruch und einige Disqualifikationen waren die Folge. Aus heutiger Sicht, weiß ich, was damals ablief und ich hätte einen mentalen Coach mehr als gut gebrauchen können.

Mit all diesen Erfahrungen war für mich als Coach und Trainer die Arbeit mit 2 Weltranglistenspielern besonders interessant. Der eine, ein junger Profi aus Serbien, und ein deutscher aufstrebender Spieler, welcher Woche für Woche auf der Herren Profi Tour unterwegs ist. Von einer Coachingsitzung mit Letzterem (im Folgenden K. genannt) möchte ich näher berichten.

Beispiel

Es ist Samstagvormittag. Wir haben uns für unsere Sitzung eines der Geschäftszimmer des hiesigen Tennisklubs

5 Eine Fallanalyse und die Suche nach Ausnahmen

ausgesucht und treffen uns in lockerer Atmosphäre bei Keksen und in Trainingskleidung. Eine Stunde intensiven Schlagtrainings liegen hinter uns. Im Vorfeld unserer Sitzung bat ich K., einige Tage zuvor, sich zu überlegen, welches Thema ihn mental auf dem Platz behindert oder blockiert. Dies würden wir uns, so kündigte ich an, reinweg lösungsorientiert vornehmen und gemeinsam Lösungen der „Problematik" erarbeiten.

Nun sitzen wir also bei unseren Getränken und Gebäck und K. beginnt mir zu erklären, welches Thema er bearbeiten möchte. Immer wieder frage ich nach, fasse zusammen und schaue, ob ich alles korrekt verstanden habe, bzw. ob ich noch mehr erfahren müsse, um alles auch wirklich begriffen zu haben. Zusammengefasst geht es K. darum, dass er seit einigen Turnieren bemerkt, einen vorher nicht da gewesenen Druck zu verspüren und nach ca. einer halben Stunde Spielzeit immer wieder defensiver agiere, als geplant, und somit seine Stärke, das offensive spielbestimmende Spiel, vernachlässige. Wiederholt frühe Niederlagen waren die Folge. Wir verbringen von unserer geplant 1-stündigen Sitzung ca. die ersten 10 min damit, das „Problem" zu umreißen. Schließlich fasse ich ein letztes Mal zusammen, was ich verstanden habe und K. bestätigt mir, die Thematik gänzlich begriffen zu haben.

Was nun folgt, ist das Ausmalen des im ersten Teil dieses Kapitels beschriebenen „Zielfilms". K. schildert mir auf meine Fragen hinsichtlich dessen, was sein wird, wenn das Problem gelöst ist, auf jede erdenkliche Weise, wie es dort „im Ziel" sein wird. Er beschreibt mir, was er dann denkt, was er fühlt, woran die Zuschauer die positive Veränderung bemerken usw. Vor allem werde ich hellhörig als er mir beschreibt, wie die zuschauende Mutter sich dann verhält. Ich entschließe mich, hier später näher darauf einzugehen, denn mir fällt an K.'s Mimik auf, dass hier besondere Emotionen eine Rolle spielen. Nachdem mir K. also das Ziel auf meine Fragen hin genau beschrieben hat, bitte ich ihn, mir mitzuteilen, was er sich nun von mir als Coach in dieser Sitzung wünsche: „Eine Strategie, mit der ich wieder mit gewohnter Lockerheit auf dem Tennisplatz

> stehe und während des ganzes Spiels meiner Linie und meinem Matchplan treu bleibe."
>
> So lautet also der „Auftrag" für die heutige Coachingsitzung, welcher ein sehr wichtiger Bestandteil des Coachings ist und welcher mir klar macht, was sich mein Coachee K. ausdrücklich von mir wünscht. Darüber hinaus gilt ohnehin die Regel: „Kein Coaching erfolgt ohne Auftrag".

Was folgt, sind verschiedene Coachingtechniken, zu denen ich an anderer Stelle mehr schreiben möchte. Vor allem aber möchte ich von einer aus meiner Sicht besonders wirksamen Technik berichten. Der „Suche nach Ausnahmen". Denn auch wenn wir vielleicht glauben, dass wir nun mal sind, wie wir sind, so kann ich dies keineswegs bestätigen. Aus Sicht des systemischen Konstruktivismus gilt ganz eindeutig:

Ein Mensch ist nicht, er verhält sich!

Dies bedeutet, dass es in unseren noch so lästigen und störenden Macken und Angewohnheiten immer auch positive Ausnahmen gibt. Niemand ist immer und nur ungeduldig oder ganz und gar faul. Ist mir das Warten in der Schlange beim Bäcker vielleicht ein Graus, so erlebe ich mich, ohne vielleicht darauf zu achten und ohne dass es mir bewusst ist, völlig gelassen, wenn ich im Stau stehe und ein sympathischer Beifahrer neben mir sitzt. Bin ich nun ungeduldig? NEIN. Ich verhalte mich so. Aber nie und nimmer ständig. Das zeigt dieses Beispiel sehr schön. Warum es diese positiven Ausnahmen nun gibt, ist wirklich interessant, es beschäftigt mich in meinem Coaching

5 Eine Fallanalyse und die Suche nach Ausnahmen

aber herzlich wenig. Mir geht es allein darum, herauszufinden, wo die positiven Ausnahmen verborgen liegen und was dort in allen Details anders ist. Letztlich möchte ich doch versuchen, mit dem Klienten genau diese Rahmenbedingungen bewusst herzustellen und somit einen größtmöglichen Einfluss auf das Geschehen zu nehmen. Mir wird in meiner Arbeit immer wieder bewusst, dass wir mehr Einflussmöglichkeiten haben, als wir vielleicht vor dem Coaching glaubten.

> **Beispiel (Fortsetzung)**
>
> So auch heute. Wir sind bei etwa der Hälfte unserer Coachingsitzung angelangt, als wir nun auf die eben beschriebene positive Ausnahmen zu sprechen kommen. Ich frage K. also, wann es ihm in der Vergangenheit besonders gut gelungen ist, mit Lockerheit auf dem Platz zu agieren und seiner Linie treu zu bleiben. Ohne selbst noch einmal darauf zu sprechen zu kommen, beschreibt mir K. ziemlich genau, wann dies der Fall war, und auch „was" da anders war, kann er rasch erkennen. Ohne hier ins Detail gehen zu wollen, beschreibt er mir, wie sich seine familiäre Situation verändert hat. Schließlich ist eines der Elternteile ein stetiger Begleiter auf der Tennistour und somit auch ein Zuschauer bei den Matches von K., was zuletzt den Druck auf ihn erhöhte. Für mich stellt sich ein großes Aha-Erlebnis ein und wir machen uns auf, gezielt daran zu arbeiten, das „alte" und positive Familienverhältnis wiederherzustellen, was letztlich bedeutet, die Kommunikation mit den Eltern wieder zu verbessern. Wie das gehen kann – damit beschäftigen wir uns im Rest unserer Coachingsitzung. Am Ende des Gespräches berichtet K., einige Erkenntnisse erlangt zu haben, und das Gefühl zu haben, einen gehörigen Beitrag zur Verbesserung der Situation beitragen zu können. Wieder mal empfinde ich große Freude und bin froh und dankbar, einer so erfüllenden Tätigkeit nachgehen zu können.

Zusammenfassend und rückblickend wird mir wieder klar, was Coaching „auch" bedeutet. Als Coach muss ich keine Lösung parat haben. Es handelt sich schließlich um Beratung ohne Ratschlag. Eine ausgeprägte Beobachtungsgabe, Methodensicherheit und wahres Interesse an der Geschichte des anderen führen Sie als Coach ans Ziel. Der Lösung ist egal, woher das Problem kommt. Andrea Petkovic zum Beispiel gibt ihren Tennisschlägern Namen, um sie pfleglicher zu behandeln und nicht mehr auf dem Platz umherzuwerfen. Wo die Ursachen für dieses Verhalten liegen, ist gänzlich egal. Habe Zutrauen. Das Coaching führt Sie, wenn Sie es zulassen, auf ungeahnte und faszinierende Wege. Die Lösung kommt ans Licht. Das ist mein „Learning".

> Was nervt Sie? Wo sind die Ausnahmen? Was ist da anders?

6

Der Servant Leader – Ein Muster des modernen Coaches

Zusammenfassung Ein Begriff, der in Zeiten der Modewelle „Agilität" immer mehr Einzug in deutsche Unternehmen hält, ist der des „Servant Leaders". Was hat es mit dem von Robert K. Greenleaf geprägten Begriff auf sich? Was ist ein Servant Leader? Was macht ihn zu einem solchen? Das Kapitel erläutert anhand von prominenten Beispielen und eigenen Erfahrungen den Begriff des „Servant Leaders".

Der „Servant Leader", die agile Führungskraft oder doch ein Kleinstbeitrag zur Verbesserung der Welt?

Ein Begriff, der in Zeiten der Modewelle „Agilität" immer mehr Einzug in deutsche Unternehmen hält, ist der des „Servant Leaders". Dieser Begriff wurde ursprünglich von Robert K. Greenleaf als Gründer des „Greenleaf Center for Servant Leadership" geprägt.

Was hat es nun jedoch damit auf sich? Was ist ein Servant Leader? Was macht ihn zu einem solchen? Eines scheint schnell klar zu sein, liest man sich einmal in die vorhandene Literatur ein: Vieles von dem, was wir in der alten Schule einmal über Führung, Zucht und Ordnung vielleicht gelernt haben, scheint hier ganz und gar infrage gestellt. Im Folgenden möchte ich anhand prominenter Beispiele und eigener Erfahrungen den Begriff des „Servant Leader" näher erläutern.

Schauen wir zunächst auf die deutsche Bedeutung der Worte. „Servant" steht für dienend. „Leader" steht für Führer. Ein dienender Führer? Wie geht das zusammen? Ganz einfach: Man kann es nur leben, nicht jedoch per Beförderung verliehen bekommen.

Der Servant Leader handelt nicht, weil er damit Anerkennung, Geld oder Status erlangen möchte. Er tut es um der Tätigkeit Willen. Er streift diese Eigenschaft nicht morgens um 9:00 Uhr im Büro über und legt sie abends wieder ab, bevor er nach Hause geht. Er verhält sich beruflich wie privat völlig natürlich. Der Servant Leader würde sein

Verhalten selbst auch nicht als Führung bezeichnen. Er führt ohne Macht per Position oder Titel inne haben zu müssen. Das Bedürfnis, seinen Mitmenschen zu dienen, liegt ihm im Blut und sei es ein Muster im positiven Sinne. Es ist einfach da und bedarf keiner Anstrengung. Betrachten wir nun einmal das Wort „Dienen" im Sinne seiner eigentlichen Bedeutung im deutschen Duden, so sehen wir, dass es darum geht, sich freiwillig seinen Mitmenschen oder einer Sache unterzuordnen, ganz im Stile eines Gastgebers. Dieser sorgt für seine Gäste. Er ordnet sich seinen Mitmenschen im Sinne der Freiwilligkeit unter. Gleichzeitig bestimmt er aber auch den Rahmen und die Regeln. Denn es ist ja seine Veranstaltung. Haben Sie die Kollegen schon einmal als Ihre Gäste gesehen? Es ist einen Versuch wert. Geben Sie Ihrem nächsten Projekt doch mal den Namen „Party", schreiben Sie eine Einladung, wie Sie es auch dann tun würden, und alles wird sich verändern. Bedenken Sie eines, sollten sich Ihnen nun Argumente dagegen ins Bewusstsein drängen – und ich gehe davon aus: Sie sind die Führungskraft. Es ist Ihre Aufgabe, den ersten Schritt zu gehen. Sie sind das Vorbild. Ob Sie das nun wollen oder nicht. Ob positiv oder negativ. Sie sind es. Aber Sie haben die Wahl, was von beidem Sie sind. Es wird Ihnen schon keinen Zacken aus der schwer erarbeiteten Krone brechen.

Was dann geschieht …

Sorgt ein Servant Leader für seine Mitmenschen und schafft er Vertrauen, so entsteht Sicherheit. Diese ist ein hohes Gut. Insbesondere in unserer westlichen Erziehung, welche nach wie vor durch Spätfolgen der Kriege geprägt ist, stellt Sicherheit ein großes Grundbedürfnis der Menschen dar. Schafft es also jemand, diese herzustellen, ergibt sich eine Art Anhängerschaft. Auf die Spitze getrieben möchte ich diese mit dem modernen Wort „Fankultur" benennen. Im Kontext der Arbeitswelt folgen die Mitarbeiter dem Servant Leader also, weil sie es wollen, nicht weil sie es müssen. Er tut alles für sie, sie tun alles für ihn. Mitarbeiter werden Fans ihres Unternehmens. Ein Beispiel: Einer der deutschen Rudermeister von 1984 sagte mal zu mir: „Wir holten den Titel für unseren Trainer, wir wären für ihn bis zur Bewusstlosigkeit gefahren." Als ich ihn fragte warum, so antwortete er: „Weil der Trainer alles für uns tat".

Beispiel

An dieser Stelle möchte ich auf das Bild des berühmten Arztes Dr. Patch Adams aus den USA verweisen, welcher die Vorlage für die gleichnamige Filmfigur, gespielt von Robin Williams, lieferte. Dr. Adams galt zunächst als Querdenker und setzte seine Ausbildung aufs Spiel, indem er versuchte, durch den Einsatz von Clowns mehr Lachen auf amerikanischen Krankenstationen zu bewirken. Dies sollte die Heilung unterstützen, so seine Überzeugung. Er war bereit, sich seiner Idee völlig unterzuordnen, und setzte dafür alles aufs Spiel. Aus dieser Haltung heraus und ohne jede bewusst gewählte Anstrengung gewann er eine große Anhängerschaft und durfte später das „Health Institute", dessen Prinzip auf der kostenlosen Behandlung Bedürftiger beruhte, sein Lebenswerk nennen.

In diesem Beispiel handelt es sich also um jemanden, der in erster Linie wohltätig gehandelt hat. Doch unsere Geschäftswelt besteht alles andere als aus reiner Wohltätigkeit. Wie kann das nun einhergehen? Die Antwort liegt auf der Hand und spielt uns quasi in die Karten. Wo man nur schaut und welche Studie man in der westlichen Welt auch liest, Menschen, welche heute im Wohlstand aufgewachsen sind, streben nach dem Sinn ihres Lebens. Die Maslow'sche Bedürfnispyramide zeigt dies sehr schön. Dies tun die Menschen natürlich auch in ihrer Arbeit, welche doch einen Großteil ihrer Lebenszeit ausmacht. Es ist also nur logisch, dass Menschen, die nach dem Sinn streben, eine ebenso sinnhafte Führung erleben möchten und eher einer Vision und einer von ihnen „gewählten" Person folgen möchten, als durch Hierarchiestufen und starre Prozesse per „Befehl" geführt zu werden.

Ich möchte das nicht an dieser Stelle diskutieren, aber mittlerweile findet man vermehrt Unternehmen, welche ihre Führungskräfte – wie einen Klassensprecher – wählen. Ganz demokratisch. Es scheint weit hergeholt, aber haben Sie schon einmal darüber nachgedacht? Wir sehen also, dass der Servant Leader schon eine idealisierte Figur darstellt. Ist sie das nicht aber nur, weil wir sie leider noch so selten antreffen?

Abschließend möchte ich Ihnen wieder eine Frage stellen:

> Hätten Sie etwas dagegen, wenn Mutter Theresa das Jahresgehalt eines zweistelligen Millionenbetrages erhält?

7

Nicht die Menschen bilden ein System, sondern ihre Kommunikation!

Zusammenfassung Mit dem Satz „Nicht die Menschen bilden ein System, sondern ihre Kommunikation!" prägte der Philosoph und Gesellschaftstheoretiker Niklas Lumann nachhaltig die systemische Arbeit. Auf die Arbeit eines Coachs übertragen heißt das: Wenn ich etwas am System ändern will, so muss ich die Kommunikation verändern. In diesem Kapitel soll deutlich werden, dass nicht die Frage nach Ursachen oder Schuld in konflikthaften Situationen geklärt werden muss, sondern die Frage nach dem „Wie wird es besser?".

> Nicht die Menschen bilden ein System, sondern ihre Kommunikation!

Mit diesem Satz prägte Niklas Lumann – Philosoph und Gesellschaftstheoretiker – die systemische Arbeit nachhaltig. Für uns Coaches heißt das: Wenn ich etwas am System ändern will, so muss ich die Kommunikation verändern! In unserem Beispiel bedeutet das die Kommunikation zwischen Coach und Sportler oder die Kommunikation zwischen Sponsoren und Management. Es gibt weitere zahlreiche Beispiele. Klar soll in diesem Kapitel werden, dass nicht die Frage nach Ursachen oder Schuld in konflikthaften Situationen geklärt werden muss, sondern die Frage nach dem „Wie wird es besser?".

Ich möchte mich in diesem Kapitel der Kommunikation zwischen Spieler und Coach widmen und Möglichkeiten zeigen, wie wir diese optimieren können. Schlussendlich verläuft Kommunikation optimal, wenn sie wertschätzend verläuft, Gefühle, Gedanken und das Handeln einbezieht, wenn die Botschaft von Sender und Empfänger gleichermaßen verstanden wird und wenn Kritik konstruktiv erfolgt, im Sinne des wertschätzenden Feedbacks. Und das werden wir uns in diesem Kapitel näher ansehen, zunächst jedoch eine kurze Vorgeschichte.

Während meiner Arbeit am Wiener Leistungszentrum von Günter Bresnik spielte ich einige Übungen mit den jungen Spielerinnen aus Russland. Die Übungsformen wurden vom Headcoach angewiesen. Ich war ausführendes Organ. Der Headcoach kam im Halbstunden-Takt vorbei und begutachtete unsere Trainingsarbeit. Eine Situation werde ich nicht vergessen. Die Anweisung des Headcoaches, ich solle die Spielerinnen zusammenfalten und anschreien, wenn sie nicht tun, was ich von ihnen will. Ich möchte das an dieser Stelle nicht bewerten, denn auch mir sind solche Trainingsgepflogenheiten als ehemaliger Leistungssportler bekannt. Jedoch möchte ich heute Alternativen aufzeigen. Warum? Die Forschung hat mittlerweile erkannt, dass ein Mensch von Natur aus leistungsbereit ist, er jedoch extrinsisch sehr schnell demotiviert werden kann. Ich glaube an diese Forschungsergebnisse und möchte aufzeigen, wie es auch gehen kann. Letztlich sollte es aus meiner Sicht nicht am Trainer liegen, wenn ein Sportler demotiviert den „Dienst quittiert". Ich empfehle an dieser Stelle den Film „Wiplash", der von einem Musikdozenten an einer berühmten New Yorker Akademie und seinem besten Schüler berichtet. Der Dozent lebt die Philosophie, die Musiker zu brechen. Nur, wer diese Tortur übersteht, habe die Fähigkeit zu wahrer Größe, so die Ansicht des Dozenten. Aus Trainersicht ein hochinteressanter Film mit spannendem Ende, welcher Raum für Diskussionen lässt.

Gehen wir nun davon aus, dass ein Mensch grundsätzlich erst mal leistungsbereit ist und mit uns als Coach arbeitet, weil er es möchte, so sind die wichtigsten Grundvoraussetzungen für eine erfolgreiche Arbeit gelegt und der Spieler motiviert.

Dem Thema Motivation möchte ich in diesem Buch nur aus wissenschaftlicher Sicht beggenen, denn hier gibt es meiner Meinung nach schon genug Diskussionen um das „Richtig oder Falsch". Also stütze ich meine Arbeit im nächsten Kapital schlicht und ergreifend auf wissenschaftliche Fakten, die aus meiner Sicht durch meine praktischen Erfahrungen gestützt werden.

Zurück zur Ausgangssituation: Sportler und Trainer sind für die Arbeit motiviert, jedoch kommt es zu Konflikten,

Schwierigkeiten und Hürden. Das ist ganz normal. Wie damit aus systemischer Sicht umgegangen werden kann, möchte ich nun vorstellen und Ihnen somit die Möglichkeit geben, gleich bei der nächsten Trainingseinheit etwas Neues zu probieren.

Das POWWER Feedback

In diesem Falle steht das Wort POWWER für

- **P**ositiven Einstieg
- **W**elches Verhalten möchten Sie zurückmelden?
- **W**as wünschen Sie sich für das nächste Mal?
- **Er**wartungen, wenn das gewünschte Verhalten umgesetzt wird

Diese Form der Rückmeldung an den Sportler hat 2 Vorteile. Sie beschäftigt sich nur mit dem, was sein soll, und sie zeigt den Nutzen auf, den der Sportler hat, wenn er das gewünschte Verhalten umsetzt. Ein Beispiel:

> **Beispiel**
>
> Trainer und Sportler machen eine Videoanalyse. Dabei bekommt der Sportler häufig zu hören und zu sehen, was er falsch macht. Punkt. Die gewünschte Handlungsalternative bleibt oft aus.
> Und im Hinblick darauf nun ein provokanter Vergleich: Was tut ein Hund, wenn Sie ihn tadeln, weil er in eine Ecke des Wohnzimmers macht? Er macht in die andere Ecke.

Ich will darauf hinaus, dass klar werden muss, was wir als Trainer vom Sportler wollen. Wir müssen uns also reinweg auf das positive stürzen und es loben, loben, loben. Das Unerwünschte ignorieren wir einfach. Diese Methode führt zu einer schnellen Verbesserung der Leistung des Sportlers. Wir lenken die Aufmerksamkeit durch unsere positive Rückmeldung auf das Richtige. Er wird es wiederholen, immer und immer wieder. Ignoriere das Unerwünschte. Es braucht keinen Tadel. Die meisten Leistungssportler haben ohnehin ein gutes Gefühl dafür, was es zu ändern gilt, sollte es noch nicht so laufen, wie gewünscht. Durch unser Zutun auf die oben beschriebene Weise fokussieren wir uns ausschließlich auf das Erwünschte, das Positive, und wir werden mehr davon bekommen.

Denn eines ist aus meiner Sicht nicht mehr zeitgemäß: Zucht und Ordnung, d. h. Anbrüllen und Tadeln bis der Sportler in Tränen ausbricht. Herzlich willkommen im Mittelalter.

Einen Appell möchte ich an alle Trainer richten: Wir schreiben das Jahr 2016! Die Wissenschaft ist sehr sehr weit und dieses Wissen sollte Sie nutzen. Ihre Methoden sind vielleicht überholt. Doch der Erfolg gibt Ihnen Recht? Dies ist kein Grund, sich auszuruhen. Die neue, die moderne Generation an Sportlern wartet schon und ist bestens gerüstet. Der Sport, das Spiel verändert sich – siehe Rafael Nadal. Mit seinem Spiel war er lange Zeit nahezu unangefochten. Gut aufgestellt. Jedoch nur für das, was in der Vergangenheit war und nicht was kommen sollte. Nun bricht seine Leistung ein. Macht er etwas anders als sonst? NEIN.

Und genau das ist der Punkt. Er tut das Gleiche wie immer aber das reicht nicht mehr. Mehr und mehr zu trainieren, scheint seine Methode, aber die braucht es nicht. ANDERS und NEU muss die Devise sein. Stillstand ist Rückschritt dann, wenn sich die Umwelt weiterentwickelt. Das ist vergleichbar mit der Wirtschaft: Nokia war unangefochten, ruhte sich arrogant auf dem Erfolg aus und konnte nur noch zusehen, wie Apple mit rasender Geschwindigkeit den Markt eroberte. Man hatte sich nicht genügend mit der Zukunft beschäftigt.

Ich schreibe das, um aufzuzeigen, wie wichtig es ist, am Zahn der Zeit zu bleiben, sich als Trainer weiterzubilden, neue Trends zu beobachten. Die anderen tun es bereits, seien Sie sicher. Dies sind Erkenntnisse, die ich in meiner Arbeit als Organisationsberater immer wieder gewinne. Niemand kümmert sich um das, was kommen könnte. Der Satz „Ich tue das seit 25 Jahren. Wir haben das schon immer so gemacht!" begegnet mir noch heute immer wieder.

Ein Vergleich soll noch einmal deutlich machen, wie wichtig es ist, auf Veränderungen schnell zu reagieren, statt stur einen Plan zu verfolgen. Dies ist im Übrigen die Definition von „Agilität", mit der wir uns in Kap. 25 befassen werden. Ich würde es folgendermaßen formulieren:

> Die Lebewesen auf unserem Planeten, die am längsten überlebt haben, sind die, die es immer wieder geschafft haben, sich den veränderten Bedingungen anzupassen.

> Fragen Sie sich also:
>
> - Auf welchem Wissensstand bin ich?
> - Wie kann ich mich weiterbilden?
> - Wie sehr beziehe ich wissenschaftliches bzw. psychologisches Know-how mit ein?
> - Was weiß ich über Trainingswissenschaft?
> - Was weiß ich über Sportpsychologie?
> - Was sind die zu beobachtenden Entwicklungstrends bei den Sportlern?
> - Entwickeln Sie etwas Neues und seien Sie der Erste!

Bleiben wir noch ein bisschen bei der Kommunikation zwischen Coach und Sportler, dem eigentlichen Thema unseres Kapitels. In meiner Zeit als Trainer eines deutschen Konzerns haben wir immer betont, gegenüber unseren Kunden, unseren Gesprächspartnern die richtigen Worte zu finden. Mehr noch. Die richtige Sprache. „Kundisch" sprechen war die Devise. Das klingt banal, jedoch möchte ich hier betonen, dass wir zunächst erst einmal erkennen müssen, auf welche Sprache unser Gesprächspartner denn überhaupt reagiert. Auf welchem Ohr er hört. Da gibt es diverse Typen. Der eine ist vielleicht besonders visuell geprägt und reagiert auf eine besondere Bildsprache. Die andere ist vielleicht akustisch geprägt und reagiert auf eben eine solche akustische Sprache. Wie können wir das nun herausfinden und was bedeutet dies für unsere Sprache?

Wenn Sie das Thema interessiert, möchte ich Ihnen zunächst empfehlen, sich näher mit dem neurolinguistischen Programmieren (NLP) zu beschäftigen. Es ermöglicht uns, unseren Gesprächspartner besser zu verstehen und einen besseren Zugang zu ihm zu gewinnen. Ein hervorragendes Buch für den Einstieg ist das Werk „Neuro-Linguistisches Programmieren für Dummies" von Romilia Ready und Kate Burton. Was ich sagen will, ist: Wer wirklich interessiert ist, sich als Trainer oder Coach weiterzubilden, der sollte sich eben auch in solchen Bereichen weiterentwickeln. Des Weiteren entwickelt sich heute ein neuer Trend um sogenannte „Mimik Resonanz"-Trainer, wie zum Beispiel Dagmar Dollinger aus Dresden, die uns helfen, unseren Kommunikationspartner anhand seiner Mimik besser zu verstehen und auf ihn eingehen zu können.

Zu guter Letzt möchte ich Ihnen den 4-ohrigen Zuhörer (4-Seiten-Modell) vorstellen. Ein Modell des Hamburger Psychologen Friedemann Schulz von Thun, welches zeigt, dass ein Empfänger eine Botschaft auf unterschiedlichste Weise hören kann.

4-Ohren-Modell

Betrachten wir einen Satz, der erst einmal nur einen völlig wertfreien Fakt darstellt:
 „Der Kaffee ist kalt"
 Der Empfänger im 4-Ohren Modell könnte nun auf 4 verschiedene Weisen und auf folgenden Ebenen diese Informationen hören:

- Sachebene: „Der Kaffee ist kalt".
- Apell-Ebene: „Mach mal neuen Kaffee, aber schnell!"
- Beziehungsebene: „Nicht mal Kaffee kann die kochen! Der Sender denkt, dass ich unfähig bin."
- Ebene der Selbstoffenbarung: „Er trinkt nicht so gern starken Kaffee."

Oder:
 Uli sagt zu Eike: „Du bist ja schon zu Hause!?"
 Eike: „Ich kann ja wieder gehen!"

An unserem Beispiel wird deutlich, dass wir ständig kommunizieren und viel mehr noch, auf sehr vielen Ebenen. Selbst nonverbal. Eine der 5 Grundregeln, die der Kommunikationswissenschaftler Paul Watzlawick aufstellte, um die menschliche Kommunikation zu erklären, lautet deshalb:

Man kann nicht nicht kommunizieren.

Bleiben wir systemisch. Folgende Fragen möchte ich Ihnen als Coach und Trainer an dieser Stelle stellen:

> **Fragen**
> - Wann haben Sie Kommunikation als besonders gelungen erlebt? Warum?
> - Wie wollen Sie kommunizieren?
> - Was erwarten Sie von Ihrem Sportler?
> - Welches Wissen haben Sie bereits im Bereich der Kommunikation?
> - Wie könnten Sie sich hier weiterentwickeln?

Kommunikation ist ein so weites Feld. Im Folgenden nun ein abschließendes Beispiel, mit dem ich mich noch einmal dafür aussprechen möchte, sich mit der Kommunikation zu beschäftigen, wenn wir ein weiteres Teil zum Erfolgspuzzle hinzufügen wollen.

> **Beispiel**
>
> Tina klagt gegenüber Mario: „Du hast vergessen, dass …"
> Darauf erwidert Mario: „Ja, aber du hast mir folgende Info nicht gegeben."
> Tina darauf: „Ja, aber weil du …"
> Mario kann nicht anders, als zu sagen: „Das geht ja auch nicht anders, wenn du …" usw. Nicht, wer schuld ist, ist hier interessant, sondern wie es besser werden kann.

Boris Becker scheint genau an diesem Hebel bei Novak Djokovic angesetzt zu haben. Er scheint die richtigen Dinge zu sagen und auch noch das Gehör bei Djokovic zu finden. Der Spieler galt als ausgereift. Nun gilt er als unbezwingbar.

Literatur

Burton, Kate; Ready, Romilia (2005) Neuro-Linguistisches Programmieren für Dummies. Weinheim: Wiley-VCH Verlag

8
PAM, was uns wirklich motiviert?

Zusammenfassung Auch oder gerade im Leistungssport machen uns automatische Gedanken und Gefühle das Leben im Wettkampf schwer. Deshalb gilt es im Wettkampf sowie in anderen herausfordernden Situationen, auf seine Gedanken zu achten und sich bewusst für vorher einstudierte Rituale und günstige Gedanken zu entscheiden. Als Sportler kann ich mit meinem Coach Werkzeuge erarbeiten, die ich in der entsprechenden Situation anwende.

Mit diesem Satz möchte ich zu einem hochinteressanten Thema einladen: Motivation. Viel besprochen und diskutiert, es gibt kein Richtig und kein Falsch. Zumindest fällt es schwer, sich festzulegen. Aber es gibt eine Betrachtung aus wissenschaftlicher Sicht, Fakten, auf die ich besonders gerne zurückgreifen möchte. Beginnen wir mit dem verwirrenden Wort „PAM".

> PAM steht für:
>
> - Purpose
> - Autonomy
> - Mastery
>
> Und beantwortet in 3 kurzen Worten, was Menschen wirklich motiviert.

Dies ist die wissenschaftliche Sicht. Aber lassen Sie uns dies genauer anschauen.

Sind unsere Gedanken wahr und unumstößlich?

Der Dalai Lama hat einmal etwas ganz Wahres gesagt:

> Es gibt nur 2 Tage in unserem Leben, an denen wir nichts tun können. Der eine ist gestern. Der andere ist morgen.[1]

Nun gibt es viele Interpretationsmöglichkeiten, aber was diese simple Aussage zeigt, ist, dass wir sowieso nur im Jetzt leben können. Wenn dem also schon so ist, so sollten wir es doch bewusst tun. Der Rest spielt sich nämlich „nur" im Kopf ab. Und auch wenn das Unterbewusste uns übermächtig durch unser Leben steuert, so haben wir auf

---

[1] http://zitatezumnachdenken.com.

den bewussten Denkapparat doch maximalen Einfluss. Und diesen sollten wir nutzen.

Es gilt also, im Wettkampf sowie in anderen herausfordernden Situationen auf seine Gedanken zu achten und sich bewusst für vorher einstudierte Rituale und günstige Gedanken zu entscheiden.

> **Beispiel**
>
> Anlass zu diesem Kapitel gab mir die Arbeit mit einer jungen Sportlerin, die über die Angst vor dem Fahrstuhlfahren klagte. Auf meine Befragung hinsichtlich entsprechender Geschehnisse, gab sie mir zu verstehen, dass sich die Angst überwiegend in sehr negativen Gedanken vor und während einer Fahrstuhlfahrt äußerte. Die körperlichen Reaktionen waren hingegen vergleichsweise harmlos. In unserer Zusammenarbeit konnten wir uns schließlich klarmachen, dass wir zwar nicht aufhören können, zu denken, aber – und das ist das Gute –, wir können etwas anderes tun. Im Ergebnis des Coachings standen einige Handlungsalternativen, die darauf abzielten, dass im Kopf kein Platz für negative Gedanken ist. Die Ideen der jungen Klientin reichten vom „Lösen einer Rechenaufgabe" während des Fahrstuhlfahrens bis hin zur Konzentration auf das Atmen oder das Schauen von Handyvideos. Ablenkung eben, wo sie Sinn macht.

Auf den Leistungssport übertragen möchte ich darauf verweisen, dass das, was uns das Leben im Wettkampf vielleicht schwer macht, automatische Gedanken und Gefühle sind. Diese wird es immer geben. Da ich dies jedoch weiß, kann ich als Sportler mit meinem Coach vorher entsprechende Werkzeuge erarbeiten, die ich in der entsprechenden Situation anwende.

Lernen aus Achtsamkeitstrainings

Um ein Beispiel zu zeigen, versetzen wir uns in eine Situation, die viele Sportler kennen – egal ob auf der Hobbysport- oder der Wettkampfebene.

> **Beispiel**
>
> Ein Spieler kann seinen Gegner nicht besonders gut leiden und in etwaigen Situationen – der Gegner führt oder spielt ihn aus – macht ihm seine Missgunst vermehrt zu schaffen und er verliert die Konzentration. Denn er ist viel mehr mit den Eigenarten des Gegners – vielleicht seiner lächerlichen Dreiviertelhose oder der altbackenen Tennisweste – beschäftigt, als sich auf sein Spiel zu konzentrieren.
>
> So wird er sich zum eigenen Gegner, denn seine Gedanken halten ihn von der eigentlich erforderlichen Konzentration ab.

Wenn ich also weiß, dass ich mich in solchen Situationen in der Regel besonders ärgere, so kann ich mir schon vor der Wettkampfsituation mit meinem Coach oder alleine diese Frage stellen:

> Was mache ich wenn? ... um keine negativen Gedanken zuzulassen.

An dieser Stelle sei erwähnt, dass man in Achtsamkeitstrainings genau hierfür eine Menge lernen kann. Denn sie zielen darauf ab, in erwünschten Momenten absolut im Hier und Jetzt zu sein. Dies gelingt, indem man anfängt, mit hundertprozentiger Bewusstheit auf seine Sinne zu hören.

- Was sehe ich?
- Was schmecke ich?
- Was rieche ich?

Diese Fragen können uns jederzeit in das Hier und Jetzt holen und führen zwangsläufig dazu, dass kein Platz mehr für Gedanken ist, wenn wir uns voll auf diese Sinne konzentrieren. Diese kleine Intervention kann als zum Beispiel zwischen Ballwechseln angewendet werden um keinen negativen Gedanken ihren Platz zu geben.

Viele Sportler werden auch das eben beschriebene Beispiel kennen, in dem es darum ging, dass wir unseren Gegner nicht besonders leiden können. Alle erfahrenen Sportler werden wissen, dass dies einem das Leben im Wettkampf ziemlich schwer machen kann. Als Handlungsalternativen für die Wettkampfsituation ist es sehr hilfreich, sich auch diesen Dingen zu stellen. Entsprechende Methoden werden in Kap. 9 über das Reframing näher beschrieben. Die Fragen, die ich zum Ende dieses kurzen Kapitels stellen möchte sind also:

> **Fragen:**
> Wenn Sie sich ärgern:
>
> - Welche Gedanken kommen?
> - Kann es sein, dass sie gar nicht stimmen?
> - Was könnten Sie stattdessen tun oder denken?
> - Welches Ritual könnten Sie für diesen Fall zuvor einstudieren und abrufen?
> - Wie würde es sich ohne die negativen Gedanken leben?

Rafael Nadal, der nun – April 2016 – gerade wieder zu neuer Stärke erwacht, ist ein absoluter Meister im Beherrschen von mental schwierigen Situationen. Er beschreibt selbst, er habe zumeist seine Emotionen stark unter Kontrolle.

Da diese stets mit Gedanken in Verbindung stehen, kann man sicher sein, dass er günstige Gedanken AUSWÄHLT und sie nicht dem Zufall überlässt.

Status quo zu mentalem Coaching in Kaderschmieden

Wenn man sich in der Welt der Kaderschmieden umschaut, und ich beziehe mich hierbei auf den Tennissport, dann ist es offensichtlich, dass selbst die Akademien der Trainer mit der größten Reputation quasi keine Zeit für die mentale Arbeit mit ihren Athleten aufwenden. Selbst die Akademien von Patrick Moratoglou in Frankreich oder von Rafael Nadal in Manacor auf Mallorca kommen nahezu ohne Mentaltraining aus. Und dies, obwohl gerade im Tennis mittlerweile erwiesen ist, dass die Spreu sich an der Spitze des Sports besonders auf mentale Weise vom Weizen trennt. Djokivic, Federer und Nadal gelten als wahre Meister im mentalen „Fach". Warum dennoch kaum Mentaltraining angeboten oder in Anspruch genommen wird, lässt Raum zur Spekulation. Ich gehe davon aus, dass die Trainer schlichtweg nicht wissen, WIE das Ganze funktionieren soll. Und dies war einer von mehreren Gründen, dieses Buch zu schreiben.

Ich möchte an dieser Stelle erste Antworten auf die Frage nach dem „Wie" geben. In meiner Zeit bei Günter Bresnik am Leistungszentrum in Wien war ich für das schlichte Schlagtraining mit den jungen Sportlern verantwortlich. Ich startete einige Versuche, um Gehör bei Bresnik etc. zu finden, was auch die Wichtigkeit der mentalen Arbeit mit den Sportlern angeht. Doch dies wurde stets „abgebügelt" mit Worten wie: „Was soll das bringen, dieses über Gefühle reden?". Ich habe die Arbeit bei Bresnik als große Erfahrung in meinem Berufsleben empfunden und bin sehr dankbar für diese Chance. Dennoch finde ich die Einstellung, was die Wichtigkeit der mentalen Arbeit angeht, schlichtweg nicht mehr zeitgemäß, ja nahezu mittelalterlich. Warum gelingt es Athleten mit ziemlich ähnlichem Leistungsniveau teilweise so unterschiedlich gut, auf der Profitour Fuß zu fassen? In der Jugend hoch gehandelt und bejubelt, müssen viele dann schmerzlich auf der Erwachsenentour Lehrgeld zahlen. Ich behaupte, es fehlt den Sportlern an der mentalen Einstellung und Leistungsfähigkeit. Und da kommen wir Mentalcoaches ins Spiel. Nehmen wir ein Beispiel.

> **Beispiel**
>
> 2 Spieler betreten den Platz. Beide sind in absolut der gleichen Situation. Ein Match steht an. Der eine freut sich auf den Wettkampf, der andere hat Angst, zu verlieren. Wer die bessere Ausgangslage hat, ist unbestritten.

Das Gute ist: Wir können unsere Bewertung einer Situation ändern. Auch dazu gibt es Techniken, die ein versierter Coach anwenden kann. Wir sind unseren Gedanken und Bewertungen einer Situation auch hier keinesfalls ausgeliefert. Im folgenden Kapitel beschäftigen wir uns nun dem sogenannten „Reframing".

9

Reframing – Die Wahl, eine Sicht zu wechseln

Zusammenfassung Menschen bewerten und erleben ein und dieselbe Situation völlig unterschiedlich. Denn jeder hat sein ganz persönliches Bild von der Welt. Dieses Bild ist nicht die Realität. Doch wir können den Blick verändern und die Perspektive wechseln. Um Letzteres soll es in diesem Kapitel über das sogenannte Reframing – das „Umdeuten" – gehen. Wie kann man Klienten dabei unterstützen, neue Interpretationen einer Situation zu entwickeln?

> Nicht eine Situation ist das Problem, sondern unsere Bewertung.

Genau dieser Satz ist der Grund dafür, warum unterschiedliche Menschen ein und dieselbe Situation völlig unterschiedlich erleben können. Die Ursachen sind vielfältig. Die eigenen Erfahrungen, Erziehung, Kindheit, Erinnerungen. All dies bildet die sogenannte innere Landkarte. Sie beschreibt das Bild, welches wir von der Welt haben. Wichtig hierbei ist das Wort „Bild". Denn, wir haben ein Bild von der Welt. Jeder sein eigenes. Doch das Bild ist nicht die Realität. Unsere Prägungen, Erinnerungen usw. formen unser Bild. Wir nehmen alle unterschiedlich wahr.

Dies erklärt auch, warum wir gleiche Situationen so unterschiedlich erleben. Während der eine Sportler mit Vorfreude auf den Wettkampf an den Start geht, startet der zweite mit der Angst vor dem Verlieren… Das Gute ist: Unser Bild kann sich verändern. Wir können den Blick verändern, eine andere Brille aufsetzen und die Perspektive wechseln. Um Letzteres soll es beim Reframing gehen. Wir unterstützen den Klienten beim Finden neuer Interpretationen einer Situation. Denn häufig ist es tatsächlich „nur" die Bewertung, die uns das Leben schwer macht. Dieses Reframing möchte ich an einem so geschehenen Beispiel näher beschreiben:

Beispiel

Ein Sportler klagt darüber, dass sein Verbandstrainer unfreundlich sei, ihn am Morgen kaum noch grüße und er sich auf irgendeine Weise schuldig fühle bzw. schon überlege, was er „angestellt" haben könnte.

Da die Situation nun schon über Wochen so ist, fühlt sich der Klient zunehmend unwohler im Büro, traut sich nicht, nachzufragen und gehe mittlerweile mit mulmigem Gefühl ins Büro. Nachdem das Problem klar umrissen ist, beginnen wir gemeinsam mit dem Reframing, dem Umdeuten. Im Detail bedeutet dies, dass ich als Coach die

9 Reframing – Die Wahl, eine Sicht zu wechseln

> entsprechende Situation für den Klienten umdeute. Jeder Satz fängt dabei an mit:
>
> - Könnte es sein, dass …?
> - Ist es möglich, dass …?
>
> Folgende Alternativen interpretiere ich also und der Klient hört nur zu:
>
> - Ist es möglich, dass der Trainer ein privates Problem hat?
> - Könnte es sein, dass er gesundheitliche Schwierigkeiten hat?
> - Ist es möglich, dass der Trainer eine schlechte Nachricht erhalten hat?
> - Könnte es sein, dass der Trainer finanzielle Schwierigkeiten hat?
> - …
>
> Nachdem diese und einige weitere Möglichkeiten gefallen sind, lässt sich eine deutliche Veränderung im Gesicht des Kunden beobachten und er sagt: „Das habe ich so noch nie gesehen, wäre nicht drauf gekommen, aber ich weiß, was zu tun ist!"
> Verwundert und erfreut frage ich nach, was er gehört habe, worauf mein Klient erfreut berichtet: „Ich glaube tatsächlich, dass mein Trainer familiäre Probleme hat. Am Montag werde ich mich trauen, ihn höflich zu fragen. Ich brauche, denke ich, keine Angst zu haben, und kann die Situation nun klären."

Dieses Beispiel zeigt, wie simpel diese MiniMax-Intervention funktionieren kann, aber noch viel mehr, wie wirkungsvoll sie sein kann. Entscheidend bei der Anwendung sind ein wenig Mut und Fantasie beim Anbieten neuer Interpretationsweisen sowie der Umstand, diese jeweils als

Frage zu formulieren. So ist es für den Klienten einfacher, die neue Sichtweise anzunehmen bzw. zu akzeptieren.

> Sollten Sie also eine Situation als schwer beurteilen, so fragen Sie sich zunächst, …
>
> - ob es sein könnte, dass Ihr Gedanke gar nicht wahr ist und …
> - was die Alternativen sein könnten,
> - wie es sich ohne diesen Gedanken leben würde.

Wir alle haben uns im Leben bereits viele Sorgen gemacht, jedoch haben wir auch die Erfahrung gemacht, dass die wenigsten unserer Befürchtungen wahr sind. Viele Bewertungen waren also umsonst. Daraus sollten wir lernen.

10

Das innere Team

Zusammenfassung Prof. Dr. Schulz von Thun beschreibt die Tatsache, dass wir mehrere innere Stimmen haben, als das „Innere Team". Da ist zum Beispiel die ängstliche Stimme, die uns schützt, die aber auch dafür sorgt, dass wir nur selten die Komfortzone verlassen. Stark vereinfacht bedeutet dies, dass wir verschiedene innere Ratgeber oder aber auch Angstmacher in uns tragen. Doch wie können wir dieses innere Team sinnvoll einsetzen?

In der systemischen Arbeit sind wir besonders an Handlungsalternativen für die Zukunft, sprich an Lösungen interessiert. Die Vergangenheit interessiert uns nur insofern, als dass wir positive Beispiele für das Gute in ihr suchen. Das folgende Beispiel berichtet von einer große

Erkenntnis in einer Sitzung, deren Bewusstwerdung der Klient in seinem Alltag verankern will. Dies stellt eine kleine aber wirksame Technik dar.

> **Beispiel**
>
> Der Klient beschrieb sich in unserem Coachinggespräch als „misstrauisch". Glaubenssätze wie „den Tag nicht vor dem Abend loben" und „nicht zu früh freuen" prägten sein Inneres und hielten ihn immer wieder vom Genießen im Hier und Jetzt ab. Diese Glaubenssätze machten ihn sogar ängstlich. Interessant wurde es besonders, als der Klient einige Minuten später im Gespräch feststellte, dass er anderen Mitmenschen gegenüber eigentlich total gutgläubig sei und jeder von ihm erst einmal einen Vertrauensbonus erhielte. Er sei eigentlich also gar nicht misstrauisch.
> Ja was denn nun?

Ganz einfach: Ein Mensch ist nicht, er verhält sich. Mal so, mal so. Es gibt immer positive Ausnahmen. Prof. Dr. Schulz von Thun beschreibt die Tatsache, dass wir nicht nur Eins sind, dass wir mehrere innere Stimmen haben, als das „Innere Team". Da ist vielleicht die ängstliche Stimme, die uns schützt, die aber auch dafür sorgt, dass wir nur selten die Komfortzone verlassen. Da ist der Laute, der Aufmerksamkeit erhält, aber immer wieder auch mal aneckt. Stark vereinfacht bedeutet dies, dass wir quasi verschiedene innere Ratgeber oder sogar Angstmacher haben.

Im oben beschriebenen Beispiel fragte sich der Klient, als er bemerkte, dass er doch eigentlich gar nicht misstrauisch sei, wer denn wohl diese misstrauische Stimme in ihm wäre. Schnell wurde ihm bewusst, dass dies ein erlerntes Verhalten seines Vaters sei, der sein Denken als Kind natürlich maßgeblich geprägt hatte. Der Klient war sichtlich begeistert, weil er für sich feststellte, dass er der vertrauensvollen Stimme in ihm, die sein „Erwachsenes-Ich" darstellte, mehr Aufmerksamkeit schenken wolle. Dieser für ihn wichtigen Entscheidung will er nun einen Symbolcharakter im Außen verleihen, der ihn immer wieder, so er ihn in die Finger bekommt, an seine Erkenntnis erinnern soll. Mit einer solchen Hausaufgabe – welches Symbol, das Sie begleitet und welches für Vertrauen steht, kann Sie in Zukunft an Ihre gewinnbringende Erkenntnis erinnern? – konnte ich meinen Klienten guten Gewissens entlassen und bin ganz gespannt, welches Symbol er wählt. Eines soll unterstrichen werden: Es geht nicht darum, was die Ursachen sind, sondern wie es besser geht. Dies sind die Fragen, die uns in der systemischen Arbeit antreiben.

Together everyone achieves more.

Mit diesen einfachen aber wirkungsvollen Worten möchte ich in einem letzten kleinen Beispiel erläutern, worum es bei der Arbeit mit dem inneren Team geht. Uns soll klar sein, dass wir nun mal mehrere innere Stimmen haben. Die einfachste Beschreibung haben schon viele Liedermacher besungen: Kopf ja, Bauch nein. Oder Herz und Verstand. Wie auch immer wir unsere Stimmen nennen. Eines muss unser Ziel sein: Diese Stimmen sollten gut miteinander auskommen. Als ich Leistungssportler im Tenniszirkus war, war ich (überregional) bekannt für meine cholerischen Anfälle. Erst Jahre danach stellte mir ein Coach die für mich entscheidende Frage:

> Christoph, wenn du dich da auf dem Platz selbst beschimpfst, wer schimpft da eigentlich mit wem?

11

Mit der richtigen Einstellung an den Start gehen

Zusammenfassung Es gibt viele wichtige Faktoren für ein erfolgreiches Tennismatch, doch allgemein gilt: Der Erfolg beginnt im Kopf. Ein großer Teil der mentalen Stärke basiert vor allem auf dem, was wir denken und wie wir zwischen den Ballwechseln agieren. Das zeigen die Beispiele in diesem Kapitel.

Tennis wird im Kopf entschieden. Das ist mittlerweile akzeptiert, ausgehend davon, dass die Spieler ein vergleichbares Niveau haben. In der Weltklasse kann bis auf Ausnahmen unter den ersten 150 der Welt jeder jeden schlagen. Genügend Beispiele belegen dies. Aber es geht auch um das, was wir denken und wie wir zwischen den Ballwechseln agieren. Boris Becker scheint genau da einen unglaublichen Hebel bei der Nummer 1, Novak Djokovic, angesetzt zu haben. Dieser galt als spielerisch und körperlich ausgereift. Nun gilt er als unbezwingbar. Was ist jetzt anders?

März 2016: Ein tolles Sportwochenende geht zu Ende. Leider mit knappem aber verdientem Sieg für das Team um Thomas Berdych. Einige Fragen und Erkenntnisse haben sich bei mir manifestiert:

- Wie darf man die Preispolitik der Veranstalter verstehen? Teure Karten, dafür eine halb leere Halle. Besonders Samstag.
- Die Tschechen: Eine echte Mannschaft mit wahnsinnigem Teamspirit. Lukas Rosol spielte Sonntag wie im Rausch. Jede Faser seines Körpers strahlte das aus. Er war sichtlich getragen vom Team. Stepanek stand nach jedem Punkt auf seinem Stuhl.
- Ein,… wie soll ich es nennen? Überforderter Alexander Zverev? Ein anfangs total beeindruckender Alexander Zverev? Ein Symbol an Körpersprache? Ich kann mich nicht festlegen, aber eben diesen „Mischa Zverev" möchte ich aus Sicht des Systemischen „Mentalcoaches" näher betrachten.

Mit großer Spannung und echter Begeisterung verfolgte ich am Samstag das Match Zerev – Rosol. Zverev – immerhin erst 18 Jahre alt – gegen den als „mit allen Wassern gewaschenen" geltenden und eher unsympathisch wirkenden Rosol. Zverev hatte einen tollen Start. Vor allem – denn dies soll ja kein Tennisblog werden – imponierte mir die selbstsichere Ausstrahlung des jungen Hamburgers Zerev. Er wirkte total selbstbewusst und schien mit dem Körper sagen zu wollen: „Ich fege dich heute

11 Mit der richtigen Einstellung an den Start gehen

vom Platz"… Interessant war zu beobachten, wie sich genau das im Laufe des Spielverlaufes veränderte. Denn Fakt ist: All das bekommt auch der Gegner mit und das war hier der Fall. Rosol gewann mehr und mehr die Überhand. Hätte man nicht gewusst, wie es steht, so hätte man nach etwa einer Stunde Spielzeit genau sehen können, wer führt und wer zurückliegt. Alles anhand der Körpersprache. Ich fragte mich bei den Seitenwechseln stets: Was genau wird jetzt wohl Teamchef Michael Kohlmann, der auf der Bank bei Zverev saß, zu seinem Schützling sagen? Klar ist für mich eines, denn Zverev hat dies am Freitag und in den Wochen zuvor gezeigt: Die spielerischen Mittel um Rosol zu schlagen, hat er alle mal. Er ging schon fast als Favorit in das Match. Waren die Erwartungen ein vielleicht zu großer Druck? Immerhin war es das entscheidende Game und Zverev wusste: „Wenn ich verliere, ist Deutschland aus der Meisterschaft ausgeschieden."

> **Beispiel**
>
> Ausgangslage: Spielerisch kann Zverev Rosol in jedem Fall schlagen. Es wird also um die mentale Einstellung, die Fitness, die Taktik gehen. Die mentale Einstellung, und somit Teil der Taktik, ist entscheidend. Vergleichen wir es mit den Profis unter allen „Körpersprachlern", den Pokerspielern. Sie verziehen keine Miene. Egal, wie es um sie und ihr Blatt bestellt ist. Genau das war bei Zverev und auch am Tage zuvor bei Kohlschreiber nicht der Fall. Man schien als Zuschauer Gedanken lesen zu können. „Ich verliere", „Wir scheiden aus", „ich pack's nicht", „ich bin müde", „er ist besser"… Was davon letztlich stimmt, ist egal. ABER: Auch Rosol konnte die Körpersprache lesen. Ein aus meiner Sicht wirklich einfach zu verbesserender Punkt in Zevervs Spiel ist eben jene Körpersprache. Er bewegt sich hervorragend für

> seine fast 2 m Länge. WÄHREND des Ballwechsels. Dazwischen wirkt er eher behäbig, schlaksig, teils müde, das könnte und das tat es, vom Gegner als Schwäche erkannt werden. Nun stelle ich mir, und ich würde sie gerne an Alexander Zverev weiterleiten, einige Fragen:
>
> - Woran merkt der Gegner, dass du dich fit, stark und überlegen fühlst?
> - Woran erkennen es der Trainer und dein vertrautes Umfeld?
> - Woran erkennen es die Zuschauer?

Wieder mal geht es also um die Frage, wenn Sie ein Match gewonnen haben und zurückblicken…

> Was war anders? Was lief besonders gut? Wie haben Sie sich verhalten?

Die Antworten auf diese Fragen liefern letztlich die Antwort darauf, was sein sollte. Was ich damit sagen will: Es wird klar, wie sich der Spieler zwischen den Ballwechseln verhalten sollte. Was er durch Körpersprache sagen will. Was der Gegner sehen soll. Zum Beispiel:

- Ich gehe auch zwischen den Ballwechseln strammen Schrittes.
- Ich halte den Kopf hoch.
- Mein Schläger zeigt nach oben, statt nach unten zu hängen.
- Mein Verhalten ist stets gleich, unabhängig vom Spielstand.

11 Mit der richtigen Einstellung an den Start gehen

- Mein Gegner nimmt keine Veränderung war.
- Ich habe ein Pokerface.

Dies sind nur Beispiele dafür, wie es sein kann. Das Gute ist, all dies ist einfach umzusetzen, es muss einem nur erst bewusst werden – also an die Oberfläche.

Nun ist bei einem solchen Match während der Seitenwechsel keine Zeit für lange Interventionen seitens des Coaches (und dies ist eh nur im Mannschaftsbewerb erlaubt). Aber – und das könnte ein Michael Kohlmann oder ein Coach mit Kenntnissen in unserem Bereich seinem Spieler sagen: „Ich möchte, dass du schneller gehst, aufrecht! Lass deinen Schläger (Kopf) nicht hängen. Binde dir die Schuhe... Was auch immer..." An dieser Stelle werden sich einige Trainer denken: „Puh, der schreibt ja nichts Neues!" – Stimmt! Aber:

> Wie können wir besonders im Leistungssport die mentale Arbeit noch weiter einbinden?

Das Besondere am systemischen Coaching ist nun, dass es sich um Beratung ohne Ratschlag handelt. Der Coachee, in unserem Fall der Sportler, entwickelt selber Einsichten, Erkenntnisse und neue Handlungsalternativen, durch unsere Methoden. Da er am Ende aber selber erkennt, wie es besser geht, ist die systemische Arbeit im Leistungssport besonders wirkungsvoll. Es ist immer wieder imposant, wie gut wir eine Intervention umsetzen können, wenn wir es selbst erkannt haben. Das ist nichts Neues, aber an dieser Stelle erwähnenswert. Also, stellen Sie die richtigen Fragen!

12

Die Arbeit am System

Zusammenfassung Möchte ich das System verändern, so muss ich an der Kommunikation arbeiten, insbesondere während laufender Veränderungsprozesse. Was in der Einzelarbeit mit Klienten funktioniert, lässt sich auch auf die Arbeit mit Teams und Organisationen übertragen. Natürlich bedeutet jede Arbeit am und mit dem System Veränderung und die geschieht nicht von allein. Welche wichtigen Fragen sollten wir uns also vor und während des Veränderungsprozesses stellen?

Voller Spannung erwarte ich den Re-Release von Jurgen Appelos Buch „Workout". Es wird den Titel „Managing for Happiness" tragen. Ein Thema, welchem ich mich seit Jahren mit Begeisterung widme. Auf seiner Homepage schreibt Appelo einleitend:

> In modern organizations, people are expected to be servant leaders and systems thinkers, but nobody explains exactly how to do this.

sowie die provokante Hypothese:

> Because management is too important to leave to the managers! Everyone deserves to work in a happier organization.[1]

Als systemischer Berater und agiler Coach möchte ich zunächst auf die im Zitat von Jurgen Appelo genannten „System-Thinkers" eingehen. In Kap. 7 haben wir uns bereits eingehend mit Niklas Luhmanns Beschreibung eines Systems beschäftigt: „Nicht die Menschen einer Organisation bilden ein System, sondern ihre Kommunikation."

Ich interpretiere das so: Wo keine Kommunikation stattfindet, da gibt es kein System. Stellen wir uns vor, die Menschen einer Organisation würden nicht miteinander reden oder schriftlich kommunizieren. Das System wäre somit nicht lebendig. Möchte ich also am System arbeiten, so muss ich an der Kommunikation arbeiten (siehe Abb. 12.1). Mich inspirieren dabei Sätze wie:

> Nicht: „Wer ist schuld?" ist die Frage, sondern: „Wie wird es besser?"

---

[1] http://jurgenappelo.com/workout/.

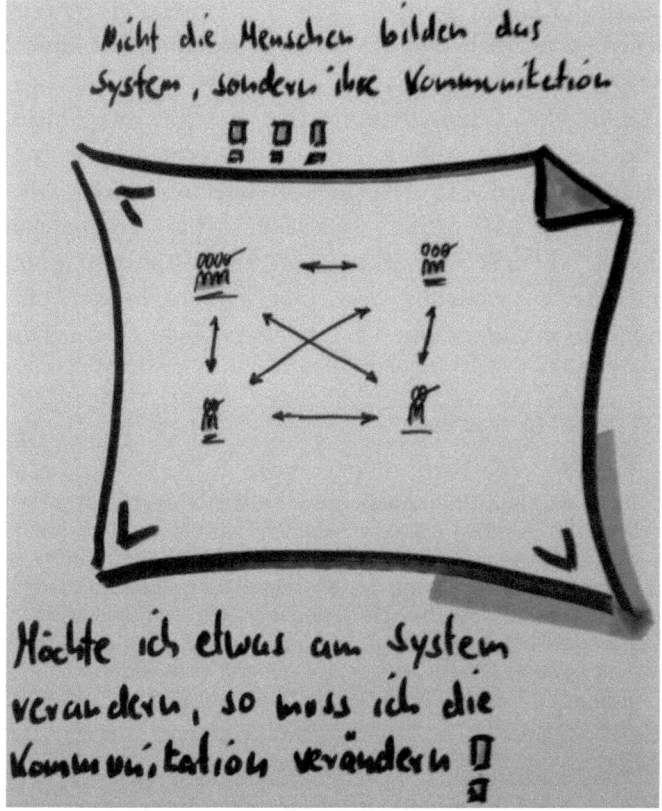

Abb. 12.1 Im System etwas verändern, bedeutet, die Kommunikation verändern

Genau aus diesem Grund schreiben moderne und führende Coaches wie Niels Pflaeging provokant, dass Mitarbeiter-Beurteilungen eine Sackgasse sind und schlichtweg abgeschafft gehören. Denn sie betrachten den Einzelnen aus dem Kontext gerissen, ohne sein Umfeld einzubeziehen, und letztlich verändert eine Beurteilung erst einmal NICHTS.

„Individuelle Einzelleistung gibt es schlichtweg nicht. Und das ist die Problematik mit den gängigen Beurteilungs-Praktiken", so Pflaeging in seinem Artikel „Mitarbeitergespräche: Eine Sackgasse"[2]. Ein „gefundenes Fressen" für uns Systemiker, denn wir sind ebenso schon lange der Überzeugung, dass einer Wirkung in der Kommunikation immer eine Ursache vorrausgeht. Dazu passt folgendes Beispiel:

> **Beispiel**
>
> Tina und Klaus sind Kollegen und verstehen sich sehr gut. Nun gibt es einen Konflikt zwischen den beiden. Tina kritisiert Klaus, weil dieser die versprochenen Daten nicht pünktlich zur Verfügung gestellt hat. Klaus erwidert darauf verteidigend, dass ihm die Delegation der Aufgabe nicht klar war. Tina sagt darauf: „Da hättest du ja früher kommen können." Klaus ist sichtlich genervt und widerspricht erneut: „Ja, aber du bist ja derzeit kaum im Büro …" usw.

Worauf ich hinaus will, ist: Einer Wirkung geht immer eine Ursache voraus – wie im Beispiel gerade beschrieben. Beschäftigen wir uns doch mit der Lösung und nicht ständig mit der Ursache und Schuldzuweisungen. „The blame Game" ist bekanntlich ein häufig gespieltes Spiel, gerade

---

[2]https://de.linkedin.com/pulse/mitarbeitergespr%C3%A4che-eine-sackgasse-niels-pflaeging.

in großen Konzernen. Um es mit schwarzem Humor zu beschreiben, könnte in Klaus' Nachruf – von Kollegen geschrieben – irgendwann einmal zu lesen sein: „Er war 35 Jahre erfolgreich darin, nicht schuld zu sein."

Schon Steve DeShazer – ein forschender Psychotherapeut – vertrat die These, dass es einer Lösung egal ist, woher die Lösung kommt. Typisch systemisch. Und damit wären wir wieder beim Anfang des Kapitels, den beschriebenen „System-Thinkers".

Möchte ich das System verändern, so muss ich an der Kommunikation arbeiten, insbesondere während laufender Veränderungsprozesse. Was in der Einzelarbeit mit Klienten funktioniert, lässt sich wunderbar auf die Arbeit mit Teams und Organisationen übertragen. Hier ein paar Beispiele:

- die lösungsorientierte Retrospektive in agilen Teams
- der Zielfilm und Perspektivwechsel in Planning Meetings
- systemisches Teambuilding über die Arbeit mit dem innovativen Reflecting-Team
- systemische Mediation

Natürlich bedeutet jede Arbeit am und mit dem System nun Veränderung. Und Veränderung geschieht nicht von allein. Ich darf aber zu Mut aufrufen. Stellen wir uns vor und während des Veränderungsprozesses die richtigen Fragen und sind uns einiger Dinge dabei bewusst, gelangen wir zum Erfolg. In einem der nächsten Kapitel möchte ich eine Art Fallstudie vorstellen, die einen solchen Veränderungsprozess beschreibt. Bis dahin habe ich eine Frage:

> Welchen Grund könnte es geben, ein Problem zu behalten, also nicht die Veränderung einzugehen?

Das Stellen der richtigen Fragen ist sehr wichtig, denn gerade im Training mit Sportlern neigen auch Tennistrainer immer wieder dazu, Kritik an dem zu üben, was nicht sein soll. So fragte mich ein Trainer nach einem von mir verschlagenen Ball: „Weißt du, was du falsch machst …?" So wusste ich, was ich nicht machen soll, hatte aber keine Idee, was ich stattdessen tun sollte. Es ist also immens wichtig, dem Sportler zu sagen, besser noch zu zeigen, wie es sein soll. Idealerweise mit bewegtem Bildmaterial.

Die Frage müsste also lauten:

> Wenn ein Training ideal abläuft, was war dann wie?

13

Erfüllt Sie, was Sie tun?

Zusammenfassung Man sollte lieben, was man tut. Das Klingt einfach und selbstverständlich, aber wie im Kapitel zuvor beschrieben, ist es das nicht. Das Ziel zu kennen, ist genau das, was vielen Menschen fehlt. Sie wissen exakt, was sie nicht wollen. Das, was sie hingegen wollen, ist ihnen nicht klar. In diesem Kapitel werden einige Fragenstellungen vorgestellt, die Sie bei der Suche nach dem „Wie" in die richtige Richtung führen sollen.

Über viele Jahre war die Arbeit in meinem Leben nur notwendiges Übel. Für mich war klar, Arbeit muss sein und macht keinen Spaß. Auf der Suche nach Anerkennung von außen lief ich dennoch zu Höchstleistung auf. Dennoch stieß ich trotz Karriere immer wieder an eigene Grenzen. Ein Vorgesetzter sagte in dieser Zeit einmal zu mir:

> Herr Bedürftig, Sie sind ein Meister der komplexen Dinge, aber die einfachen Sachen machen Sie falsch. Ihre Mitarbeiter sind unzufrieden.

Heute, etwa 7 Jahre später, ist mir klar, wie Recht er hatte. Und ich weiß genau, was er meinte. Ich war Meister in der Analyse und im Aufbereiten meiner Geschäftszahlen. Ich war Meister darin, Pläne zu schmieden. Doch ich hatte keine Energie für die alltägliche Arbeit mit und an der Basis, das immer wiederkehrende Tagein-Tagaus mit Kunden von 9:00 bis 18:00 Uhr. Ich liebte schlichtweg nicht, was ich da tat. Mein Vater bemerkte einmal: „Christoph, stell dir mal vor, was möglich wäre, wenn du wirklich Leidenschaft für etwas besäßest."

Stimmt, dem kann ich heute nur beipflichten. Ich hatte Erfolg, und mein innerer Motor auf der Suche nach Bestätigung und Anerkennung war so stark, dass er mich in Teilerfolge brachte. Aber der wahre Erfolg – der Innere – blieb aus. Ja, ich drohte sogar auszubrennen und so tat ich nach 12 Jahren im Konzern das, was ich allen empfehlen möchte, die sich in meinen Worten wiederfinden können. Ich kündigte. Wenn ich eines gelernt habe, dann, dass wir die nötige Energie für wahren Erfolg im Außen nur aufbringen können, wenn wir lieben, was wir tun. Andernfalls würden wir bei Rückschlägen aufgeben, denn der Weg ist steinig. Nur wenn die Leidenschaftlich wirklich stark ist, stehen wir nach dem Fallen wieder auf und gehen weiter. So geht es mir heute als Trainer, Moderator, Autor und Coach. Ich weiß, was ich tun möchte. Ohne Wenn und Aber. Ich kämpfe für meinen Traum. Denn ich kenne ihn im Gegensatz zu früher.

Das Kennen des Ziels ist genau das, was vielen Menschen fehlt. Sie wissen exakt, was sie nicht wollen. Das, was sie hingegen wollen, ist ihnen nicht wirklich klar und so stolpern sie durch das Leben, mal mehr, mal weniger zufrieden. Wenn es Ihnen so geht, möchte ich Ihnen empfehlen, einen systemischen Coach aufzusuchen und sich von ihm in einem Coaching in das wünschenswerte Ziel führen zu lassen. Auch, wenn Sie das „Wie" gerade nicht kennen, er kann es. So viel sei jedoch schon einmal verraten. Folgende Fragen führen Sie in die richtige Richtung:

> **Fragen**
> - Was würde der/die 5-Jährige, der/die Sie einmal waren, zu Ihrem heutigen Job sagen?
> - Was wollten Sie als 5-jähriges Kind werden?
> - Warum sind Sie es nicht geworden?

Als Antworten auf diese Fragen begegnen mir immer wieder Aussagen wie, es könne ja nicht jeder Astronaut werden. Das stimmt. Jedoch tragen wir alle auch das innere Kind in uns. Zumeist haben wir den Kontakt zu ihm verloren. Doch ich kann aus Erfahrung sagen, dass man den Kontakt wieder aufnehmen kann. Durch Therapie, durch Literatur, durch Coaching. Was dann geschieht, ist wunderbar und gar nicht verwunderlich zugleich. Man entdeckt, dass die Leidenschaften noch die gleichen sind, wie wir sie als Kind tagtäglich ausgelebt haben. Seit ich wieder im guten Kontakt mit dem 5-jährigen Christoph stehe, fällt mir auf, dass ich auf einmal wieder singe, zeichne und schreibe. Das Ergebnis halten Sie in Ihren Händen.

Welche Mühe mir das Schreiben macht, können Sie sich denken. Keine. Ich schreibe um des Schreibens willen. Dieses Buch ist „nur" das Ergebnis, denn ich kann so noch einer anderen Leidenschaft frönen. Ich möchte mein Wissen teilen, um anderen zu helfen. Es erfüllt mich mit Glück. Und so sollte es in Ihrem Job auch sein. Lassen Sie sich bitte nicht aufhalten auf der Suche nach dem „Wie soll das gehen". Wenn Sie wirklich lieben, was Sie tun wollen, dann werden Sie einen Weg finden. Jedoch, holen Sie sich Unterstützung. Man kann den Weg nämlich abkürzen.

> Es ist nie zu spät, eine glückliche Kindheit gehabt zu haben.

Dieser Satz fiel in meiner Ausbildung zum systemischen Coach des Öfteren und ich gebe zu, dass ich ihn nie verstanden habe. Dies hat sich vor einigen Wochen geändert.

Ich war als freier Berater in einem weltweit agierenden Unternehmen engagiert, saß an meinem Platz und dachte während meiner Arbeit auf einmal: „Christoph, ganz schön kreativ bist du!" Darauf fragte ich mich, was eigentlich dazu geführt hat, dass ich so kreativ geworden bin. Die Antwort ließ nicht lange auf sich warten und mein Unterbewusstsein schickte sie mir in Form einer Erinnerung: Ich musste als Kind ziemlich viel Zeit alleine verbringen. So wurde es eine Art „Überlebensstrategie gegen die Langeweile", Fantasien zu entwickeln, tagsüber zu träumen und absolut ideenreich zu werden. Ich schuf mir in meinem Spielzimmer ganze Welten aus Kissen und

Decken. Ich baute Cockpits, in denen ich meine Fantasiepassagiere über Stunden durch die Lüfte flog und war als Chirurg erfolgreich darin, die Puppe „Möpschen" meiner kleinen Schwester am Herzen zu operieren. Die Schlafbrille der Mutter als Mundschutz und das Herz des kleinen Patienten aus zermatschtem Klopapier, welches ich mit roter Tusche zuvor eingefärbt hatte. All diese Stunden führten also zu einer Kreativität und einem Ideenreichtum, welche ich heut mein Eigen nennen darf. Wenn ich mal wieder mit einer Idee „um die Ecke komme", gibt es Freunde, die ich sagen höre: „Schon wieder?"

Worauf ich letztlich hinaus will, ist, dass ich nach dieser Erkenntnis heute mit ganz anderen Gefühlen auf meine Kindheit zurückblicke. Und vor allem mit Dankbarkeit. Denn letztlich hat auch meine Kindheit mich zu dem gemacht, was ich heute bin. Und dies wiederum führte dazu, dass ich für meinen Traum gekämpft habe. Eigentlich ein simpler Traum. Lieben, was man tut. Klingt einfach und selbstverständlich. Aber wie im Kapitel zuvor beschrieben, ist das für mich nicht selbstverständlich. Lange Zeit wusste ich einfach nicht, was ich tun sollte und tat „irgendwas". Zudem bin ich seit meinem ersten abgeschlossenen Ausbildungsweg Augenoptikermeister. Wenn mir vor 5 Jahren jemand gesagt hätte, ich würde mal als freiberuflicher Coach, Autor und Trainer arbeiten, hätte ich gefragt: „Wo soll ich unterschreiben?" Es war schlichtweg undenkbar in meinem kleinen Kosmos der augenoptischen Welt, etwas außerhalb von ihr tun zu können. Doch hier möchte ich zum Schluss 2 Dinge ergänzen, die mir sehr geholfen haben.

1. Sie sind nicht Ihre Gedanken, denn die Gedanken sind austauschbar.
2. Wenn es richtig ist, wird es passieren. Das Wichtigste ist, nicht zu hetzen. Nichts Gutes rennt Ihnen weg.

In vielen systemischen Coachings geht es um berufliche Weiterentwicklung. Dies wird oft verwechselt mit der Entwicklung nach oben, d. h. der Karriereleiter. Eigentlich geht es all diesen Managern, Teammitgliedern, Sachbearbeitern und wie sie alle heißen nur um eines: endlich den Sinn zu finden. Und so kann es dem systemischen Coach immer wieder passieren, dass Klienten das Coaching abbrechen, denn sie spüren insgeheim: „Wenn ich hier jetzt weitergehe, dann kann es sein, dass ich aus meinen Bahnen ausbrechen muss, und das macht ängstlich".

Ein nachvollziehbarer Grund, das Problem, beispielsweise den ungeliebten Job, zu behalten.

Wir halten viel zu oft an alten ungünstigen Mustern und Verhaltensweisen fest, weil wir uns in ihrem Rahmen wenigstens auskennen. Wir kennen quasi den schlimmsten Fall. Und das gibt zumindest eines: Sicherheit. Wir wissen nicht, was kommt, wenn das Problem gelöst ist, und das mögen die Menschen der westlich geprägten Nationen, besonders in Deutschland, gar nicht gern. Und so behalten Menschen ihre Jobs, Patienten setzen Antidepressiva ab oder behalten ihre 5 kg zu viel. Lieber in Sicherheit wiegen, als den Schritt aus der Komfortzone wagen. Doch eines ist klar: Entwicklung findet außerhalb der Komfortzone statt. Auch am Ende dieses Kapitels möchte in paar Fragen zur Diskussion:

Fragen

- Was sind Ihnen Ihre liebsten Charaktereigenschaften?
- Welche Eigenschaften lieben Ihre Mitmenschen an Ihnen?
- Was in Ihrer Kindheit hat Sie dazu gemacht?

14
Wo stehen Sie?

Zusammenfassung Es ist für einen Trainer im Grunde unumgänglich, auch die mentalen Prozesse des Schützlings in die Arbeit einzubeziehen. Ein professioneller systemischer Mentalcoach kann hier helfen, denn er ist Experte im Prozess und findet mit dem Sportler Lösungen, die maßgeschneidert für ihn sind und funktionieren.

Als Sportler ist es unheimlich wichtig „den Kopf frei zu haben". Sprich, wenn alles in meiner Umwelt in Schutt und Asche liegt, ich keine Sponsoren finde, finanziell am Minimum bin, Konflikte meine Freundschaften belasten und ich die geliebte Familie nicht sehen kann, so fällt es schwer, sportliche Höchstleistung zu bringen, auch wenn ich körperlich austrainiert bin.

Daher ist es aus meiner Sicht unumgänglich als Trainer, auch die mentalen Prozesse des Schützlings mit in die

Arbeit einzubeziehen. Und damit meine ich nicht nur, ein Ohr zu haben, auch wenn das natürlich auch schon eine Hilfe sein kann. Nein, ich meine damit, einen professionellen systemischen Mentalcoach in die Arbeit einzubeziehen. Keine Sorge, der Aufwand, der hier betrieben werden muss, ist keinesfalls vergleichbar mit dem der Arbeit auf dem Platz oder im Fitnessraum. Aber zumindest, so meine Empfehlung, sollten wöchentlich ein bis zwei Gespräche mit dem systemischen Coach geführt werden. Der Inhalt? Das legen Coach und vor allem Schützling gemeinsam fest. Es dreht sich dabei um Themen auf und neben dem Platz. Ja nachdem, was gerade drängt. Allein die Tatsache, dass man etwas für sich tut, führt schon zu großen „Erleichterungen" und Erfolgserlebnissen bei den „Klienten". Endlich werden die Probleme und Anliegen adressiert und nicht mehr verdrängt. Endlich gibt es Raum und einen festen Platz für die Themen, die den Sportler beschäftigen. Mit festem Termin oder auf Abruf, besser jedoch mit fixem Zeitpunkt in der Trainings- oder Wettkampfwoche. Endlich kann sich der Sportler wieder ganz auf den Sport konzentrieren, denn er weiß, wann Zeit ist für die Dinge, um die sich seine Gedanken drehen.

Technische Möglichkeiten gestatten dies heute ja auch schon bequem per Skype. So coachte ich beispielsweise die Nummer 1 der Weltrangliste im Beachtennis, während sie beim Turnier in Réunion war. Ich hingegen saß in meinem Braunschweiger Wohnzimmer. Also, liebe Trainer: Tauschen Sie sich mit Ihrem Schützling zum Thema Mentalcoaching aus und legen Sie ihm nahe, sich einen Fachmann an die Seite zu nehmen. Denn Sie, sind der Experte auf dem Platz! – wir Coaches der Experte für das Köpfchen. Und, hier muss eine klare Unterscheidung getroffen werden: Der Mentalcoach ist kein Expertenratgeber, der mit Tipps und Tricks dem Sportler sagt, was er tun soll, so wie es die meisten Ratgeber in Wort oder Schrift tun. Der systemische Mentalcoach nimmt den Sportler an die Seite, ist Experte im Prozess und findet mit dem Sportler Lösungen, die maßgeschneidert für ihn sind und funktionieren. Vor allem solche, die sofort in die Tat umgesetzt werden können.

15

Wettkampf und Selbstwert

Zusammenfassung Ein persönliches Erlebnis war der Anlass für dieses Kapitel. Was ich als junger aufstrebender Halbprofi hätte wissen sollen: Ich möchte gefallen – um jeden Preis. Für jemanden, der seinen Selbstwert vom Gewinnen und Verlieren abhängig macht, gibt es nur Schwarz und Weiß. Gewinnen Sie, ist alles in Ordnung, verlieren Sie, droht die Welt unterzugehen. Doch hängt der Selbstwert wirklich mit Erfolg oder Misserfolg zusammen?

Den Anlass zu diesem Kapitel gab mir ein Erlebnis, welches ich heute, an diesem Vormittag des 26.04.2016, erleben durfte. In einer meiner vielen Trainingseinheiten mit meinem Freund Erwin Skamrahl, dem Olympiasprinter von 1984 und Europameister im Sprint von 1982, erschien plötzlich unser gemeinsamer Freund und mein ehemaliger Tennistrainer Wolfgang Reinl. Seine Radtour führte ihn an der hiesigen Tennisanlage vorbei und so machte er einen kurzen Halt für einen Plausch. Nach kurzer Pause und ein paar gewechselten Worten nahm sich mein ehemaliger Trainingsleiter noch etwas Zeit, um uns beim Training zuzusehen. Sofort beobachtete ich bei mir ein Phänomen, welches ich schon seit Kindheitstagen von mir kenne. Ich dachte mir: „Jetzt zeige ich, was ich kann!" Und nach einigen Minuten „Vollgas" war ich völlig verausgabt, denn ich bin mal wieder über meine Grenzen gegangen.

Was ich heute weiß, und mein Verhaltensmuster ist genau so alt wie aktiv, hätte ich als junger aufstrebender Halbprofi wissen sollen: Ich möchte gefallen. Und das um jeden Preis. Dies führt einerseits zum ständigen Überschreiten meiner Grenzen, zum „Ja" sagen obwohl ich „Nein" meine und es führte in meiner Jugend zu zahlreichen Disqualifikationen wegen Verhaltens. Denn für jemanden, der seinen Selbstwert vom Gewinnen und Verlieren abhängig macht, gibt es nur Schwarz und Weiß. Gewinnen Sie, ist alles in Ordnung, verlieren Sie jedoch, droht die Welt unterzugehen. So auch bei mir früher. Zahlreiche zerstörte Schläger und Disqualifikationen wegen Schreiens oder dergleichen waren die Folge. Die Angst vor dem Verlieren war entsprechend groß. Vor allem als ich mich ab 1997 in den oberen Platzierungen der nationalen und regionalen Ranglisten wiederfand und so zum „Gejagten" wurde. Auf einmal verspürte ich den Druck, gewinnen zu müssen. Gegen vermeintlich schlechtere Gegner – denn ich stand ja auf dem Papier vor ihnen – musste ich doch schließlich siegen. Das war mein Anfang vom Ende. Ich hatte mein Bild. Es war festgefahren. Ich konnte nur noch alt aussehen. Die Angst vor dem Verlieren und der verspürte Druck, gewinnen zu müssen, führten zu einer permanenten Verkrampfung im Kopf und ich konnte meine brillanten Trainingsleistungen nicht mehr abrufen. So wurde ich einer der berühmten Trainingsweltmeister, die ihr Potenzial nur auf dem Trainingsplatz entfalten können. Meine Tage waren gezählt und es ging nur noch bergab. Ich gab irgendwann sogar Matches auf, nur um mir die Niederlage zu ersparen. So hatte ich wenigstens eine Ausrede parat. Ich bin mir sicher, dass sich viele Sportler beim Lesen dieser Zeilen wiederfinden. Und genau diesen Sportlern möchte ich Mut machen und raten, nicht den gleichen Fehler zu machen wie ich. Meine sportliche Karriere endete wie zu erwarten, nachdem ich dem Wettkampfdruck als einer der Führenden in den Ranglisten nicht mehr standhielt. Trotz bescheinigtem Talent meiner Trainer und der Aussicht auf eine professionelle Tenniskarriere. Allen Sportlern möchte ich laut und deutlich sagen, es ist nur ein Spiel und diese lästigen und quälenden Gedanken, die uns behindern und aufhalten, sind austauschbar.

„Sie sind nicht Ihre Gedanken"

Oft denken wir in unseren Mustern, die wir als Kinder erlernt haben und es gibt scheinbar kein Entkommen. Wenn ich verliere, stürzt die Welt ein. Kein Zweifel. Doch dem ist nicht so. Selbst wenn überehrgeizige Eltern ihrem Sprössling vielleicht sogar mit Strafe drohen bei

Misserfolg oder Schlägerschmeißen. Liebe Eltern... Das bringt nichts! Es hilft schlichtweg nicht und zeigt nur Ihre Ausweglosigkeit. Ihr Kind lernt so nur, was es NICHT soll. Was es hingegen soll und vor allem „WIE" das geht, kann ein systemischer Coach zeigen. Und noch mal an alle Sportler: Der Selbstwert hängt nicht mit Erfolg oder Misserfolg zusammen. Auch wenn es gefühlt manchmal so scheint.

Als kleine Hausaufgabe probieren Sie einmal folgendes Experiment:

> **Praxisbeispiel**
> Führen Sie sich die Ergebnisse dieses Experiments immer und immer wieder vor Augen. Am besten hängen Sie sie sich an die Wand:
> - Was macht Sie zu einem wertvollen Menschen?
> - Was würden Sie sagen?
> - Was würden Ihre Freunde sagen?
> - Was würde Ihre Familie/Ihr Partner sagen?
>
> Und, bitte ergänzen Sie für sich einmal den folgenden Satz mit möglichst vielen Punkten:
>
> **Ich bin reich an ...**
> Wenn Sie dies „SCHRIFTLICH" getan haben, führen Sie sich das Ergebnis immer und immer wieder vor Augen. Sie werden feststellen, dass Sie wertvoll sind, ABER nicht wegen Ihres Sports. Und wenn Sie jemand nur deshalb anerkennt, und solche Menschen gibt es, dann gilt es, diese Beziehung zu überdenken. Denn Energieräuber, über die ich noch sprechen möchte, gilt es aus dem Leben zu entfernen.

15 Wettkampf und Selbstwert 89

Machen wir uns bewusst: Reichtum ist ein Geisteszustand. Er wird beeinflusst durch die Qualität unserer Gedanken und Gefühle. Und auf dies haben wir einen starken Einfluss.

Das Ergebnis eines Coachings oder Ihrer Hausaufgabe könnte so aussehen wie in Abb. 15.1 und macht sich auch noch schön an der Wand. Zudem erinnert es immer wieder an Ihren Wert und Sie werden mehr und mehr entspannen im Wettkampf.

Abb. 15.1 Reichtum ist ein Geisteszustand

16

Matchplanung heißt auch Gedankenplanung

Zusammenfassung Verhaltensmuster, die in unserer Kindheit geprägt wurden, sind in unserem Unterbewusstsein tief verankert. Und mit diesen Mustern, Glaubenssätzen und Überzeugungen gehen wir auf den Platz. Dabei geraten wir schnell in eine Abwärtsspirale, wenn wir unsere Gedanken und Gefühle dem Zufall überlassen. Doch wir können uns aussuchen, was wir denken. Ein Trainer kann mit dem Sportler etwa für bestimmte konflikthafte Situationen Gedanken einstudieren, die dieser im entscheidenden Moment abrufen soll.

Immer mehr, immer mehr, immer mehr. Höher schneller weiter. So wachsen viele von uns auf. Den Erwartungen unserer Leistungsgesellschaft müssen wir uns stellen – erst in der Schule, dann im Hobby und später im Beruf. Die Verhaltensmuster, die wir dabei schon als

Kinder häufig von unseren Bezugspersonen übernehmen, sind uns später dann oft gar nicht bewusst und laufen wie unser Betriebssystem im Hintergrund völlig automatisch ab. Erlerntes Verhalten, automatische Überzeugungen und Glaubenssätze werden aus unserem Unterbewusstsein gesteuert und dieses ist bei Weitem mächtiger, als uns das häufig klar ist. Ein Eisberg, dessen Spitze nur aus der Meeresoberfläche schaut, bildet hier ein schönes und vergleichbares Bild, welches häufig in der Psychologie Anwendung findet. Diese unbewussten und tief liegenden Überzeugungen und Glaubenssätze unter der Oberfläche zeigen sich dann in unserem Handeln und Verhalten. Und dieses spiegelt sich in vielen Situationen des realen Lebens wider. So zeigt es sich im Beruf, in Beziehungen oder eben auf dem Sportplatz. Und mit diesen Mustern, Glaubenssätzen und Überzeugungen, unserem Weltbild gehen wir letztlich auf den Platz. Der eine mit Freude auf den Wettkampf, der andere mit Angst vor dem Verlieren. Denn sein Gegner ist der Schwächere und bei einer Niederlage wäre dies doch ziemlich peinlich. Folgen nun diese ersten Fehler, so können wir rasch in eine Abwärtsspirale geraten, wenn wir denn unsere folgenden Gedanken und damit verbundenen Gefühle dem Zufall überlassen. Wir können zwar nicht aufhören, zu denken, jedoch können wir uns aussuchen, was wir denken. Es gilt also, mit dem Sportler für bestimmte konflikthafte Situationen in der Trainingsphase einzustudieren, welcher Gedanke im entscheidenden Moment abgerufen werden soll. Hierzu ein Beispiel:

> **Beispiel**
>
> Ein Tennisspieler verschlägt einen Ball und seine bisherige Reaktion war ein Gedanke wie: „Du Idiot, du bist so schlecht!" Darauf folgt Wut, ein Schrei und vielleicht sogar das Werfen des Schlägers. Der Gegner registriert dies und gewinnt Aufwind. Schnell setzt sich ein Teufelskreis in Gang. Wenn man nun weiß, dass Gefühle und unsere Körperhaltung oder gar Mimik zusammenhängen, so lässt sich mit diesem Wissen Erstaunliches erreichen. Setzen Sie mal ein breites Grinsen auf und versuchen Sie, sich dabei schlecht zu fühlen. Ein Ding der Unmöglichkeit. Worauf ich hinauswill, ist, dass wir, egal wie es uns auf dem Platz nun gerade geht, ähnlich einem Pokerspieler ein stets gleiches Verhalten zeigen können. Rituale können dabei helfen. Rafael Nadal ist auch hier ein Aushängeschild. Kommen also Gefühle wie Ärger oder Wut auf, so gilt es, diese zu lenken und etwas „Kreatives" damit anzufangen, statt den Gegner an meinem Innenleben teilhaben zu lassen. Was dies sein kann, muss der Spieler mit seinem Coach für sich selbst herausfinden. Der Griff zum Handtuch oder das sofortige Denken bestimmter vorher geplanter Gedanken sind nur einige kleine Beispiele. Helfen soll diese Gedankenstütze: Wenn ich ein bestimmtes Programm nach einem Missgeschick im Wettkampf abrufe, dann ist zeitgleich kein anderer ungünstiger Gedanke möglich. So könnte ich mir zum Beispiel vornehmen, dass ich im Falle eines Netzfehlers im Tennis eine bestimmte Rechenaufgabe im Kopf löse. Denn wer den Kopf gezielt „auslastet", hat keinen Platz darin für andere schlechte Gedanken.

Zusammengefasst heißt dies also, dass ich mir vor dem Match einen Plan mache, mit welchen Gedanken ich auf bestimmte Reaktionen während des Wettkampfes reagieren will. Die Frage lautet immer:

> Wenn Sie sich nicht ärgern wollen, was können Sie stattdessen tun?

17

Visualisierung

Zusammenfassung Vielleicht haben Sie schon einmal bei einem bedeutenden Wettkampf beobachtet, wie etwa ein Skifahrer seinen Abfahrtslauf im Kopf durchspielt. Visualisierung ist eine einfache und effektive Methode zur optimalen Vorbereitung für einen Wettkampf. Welchen geplanten Gedankenablauf man in bestimmten Situationen wählen kann, zeige ich Ihnen in diesem Kapitel.

Wenn man sich einmal näher mit dem Skirennlaufen beschäftigt hat, dann kann man beobachten, dass manche Läufer ihren Lauf vor dem Start schon oben am Starthang in Gedanken abfahren. Eine große Ausnahme bildet hier die Rennlauflegende Bodie Miller aus den USA. Er beendet seinen visualisierten Vorablauf nämlich nicht mit der Bremsung im Ziel, sondern mit dem Jubel. Miller ist ein

Meister darin, sich schon vor dem Wettkampf exakt in das hineinzuversetzen, was während des Laufes und danach passieren soll. Der schon vor dem Rennen gelebte Jubel bringt ihn in die entsprechende Emotion und Miller kann optimal vorbereitet an den Start gehen.

Ich selber mache immer wieder die Beobachtung, dass bei Sportlern auf körperlicher oder der Ernährungsebene nur noch wenig dem Zufall überlassen wird. Was unseren Geist jedoch angeht, gehen die meisten Sportler völlig unvorbereitet in den Wettkampf. Was in den nächsten Minuten also im Kopf abläuft, bleibt tatsächlich dem Zufall überlassen. Und doch gibt es eben solche Ausnahmesportler, die als absolut abgebrüht oder mental stark gelten. Häufig sind es sogar diejenigen – dies ist jedoch nicht empirisch untermauert –, welche ein stabiles Umfeld um sich wissen. Topathleten wie Federer, Nadal oder Djokovic kommen alle aus „heilen" Familien. Nun ist die Familie tatsächlich etwas, was man sich wirklich nicht aussuchen kann, aber man kann das Beste aus seinen Voraussetzungen machen. Im Kraftraum oder auf dem Trainingsplatz tut man es ja schließlich auch.

Zurück jedoch zum Thema Visualisierung. Zu einer optimalen Vorbereitung für einen Wettkampf gehört für mich nicht nur das Aufwärmen sondern auch ein kleines Ritual, was darauf abzielt, sich schon mal klar zu machen und zu fühlen, wie es im Ziel sein soll. Dies erhöht die Anziehungskraft des Zieles ungemein. Wir können also vor dem Start ein Gespräch mit unserem Coach führen, welches auf folgende Fragen abzielen kann:

> **Fragen**
>
> Stellen Sie sich vor, Sie hätten den Wettkampf bereits gewonnen:
>
> - Wie haben Sie sich verhalten?
> - Wie haben Sie sich im Match gefühlt?
> - Woran konnten die Zuschauer, der Trainer oder gar der Gegner dies sehen?
> - Was ist Ihnen besonders gut gelungen?
> - Wie haben Sie sich im Falle von Fehlern verhalten? Was war Ihre Gedankentaktik?
> - Wie haben Sie sich verhalten, wenn Sie zurücklagen? Was war Ihre Gedankentaktik?

Bei der Auswahl der Fragen zum Ziel ist Kreativität gefragt. Je detaillierter das Ziel jedoch schon vorab ausgemalt wird, desto besser. Denn durch die Antworten wird klar, wie es laufen soll.

Im Zusammenhang mit den Fragen habe ich das Wort „Gedankentaktik" genutzt. Es soll darstellen, welchen konkreten und vor allem geplanten Gedankenablauf ich in bestimmten Situationen wähle. Ist Ihnen schon einmal aufgefallen, dass es sich deutlich besser spielt, wenn Sie nach dem Wettkampf etwas Schönes vor haben? Die Gedanken daran und die damit verbundenen positiven Gefühle helfen Ihnen. Nutzen Sie dieses Wissen und erinnern Sie sich zum Beispiel in schwirigen Wettkampfsituationen automatisch an ein schönes Erlebnis. Und nur das!

18

Wohin mit den ganzen Emotionen?

Zusammenfassung Unbändige Emotionen, die im Einzelsport auf einen einwirken, kennen vermutlich sehr viele Sportler. Doch wohin mit Gefühlen wie Wut, Enttäuschung, Resignation? Eine einfache Technik, die auch vom Trainer angewendet werden kann, ist das sogenannte „Spiegeln".

Am 1. Mai diesen Jahres 2016 geschah in Istanbul etwas nie Dagewesenes. Der Shootingstar Grigor Dimitrov zerstörte im Endspiel des türkischen ATP Turniers gegen Diego Schwartzmann mehrere Schläger mutwillig und gab schließlich das Match auf. So kam Schwartzmann zu seinem Titel. Es war wahrlich zu sehen, welch enorme Emotionen in Dimitrov aufstiegen, und der Bulgare hatte offensichtlich keine Strategie, um mit diesen menschlichen

Gefühlen umzugehen. Er hat schlichtweg keinen Kanal, um die Wut und Aggression in eine geeignete Richtung zu leiten.

Diese unbändigen Emotionen, die da im Einzelsport auf einen einwirken, kennen vermutlich sehr viele Sportler. Warum reagieren wir so unterschiedlich? Das Schöne an der systemischen Arbeit ist für mich, dass die Ursache zwar interessant, doch für die erfolgreiche Zusammenarbeit mit dem Sportler recht unwichtig ist. Denn wie erwähnt, beschäftigen wir uns mit der Lösung. Wenn wir schon auf die Vergangenheit eingehen, dann nur insofern, als dass wir nach positiven Ausnahmen suchen. Wie auch in der Frage „Ja, aber wohin denn nun mit Gefühlen wie Wut, Enttäuschung, Resignation etc.?". Zur Beantwortung dieser Frage möchte ich wie so häufig eine besondere Frage stellen:

> Wann in der Vergangenheit ist Ihnen der Umgang mit negativen Emotionen besonders gut gelungen und wie waren die Rahmenbedingungen im Detail? Kurzum: Was war da anders?

Beim Suchen nach solchen anfangs beschriebenen Ausnahmen stelle ich immer wieder fest, wie viel doch der Klient, in unserem Falle der Sportler, aus eigenem Handeln beeinflussen kann.

> **Beispiel**
>
> So berichtete eine Klientin einmal, dass sie der Situation mit ihrem Partner ausgeliefert sei und sich machtlos fühle. Ich bat sie darauf, einmal auf bunte Post-its all das zu schreiben, was anders sei, wenn das Problem schon gelöst wäre. Die dann entstehenden Zettel, es waren etwa 10, ließ ich sie dann vor dem Tisch aufkleben. Nun bat ich sie, einmal diejenigen Zettel zu markieren, auf die sie einen Einfluss habe.
>
> Es ergab sich, auch für mich, ein erstaunliches Bild, welches ich nicht erwartet hatte: Die Klientin hatte sehr wohl Einfluss auf diverse Faktoren, die jene konflikthaften Situationen betrafen. Sie hatte sie vorher schlichtweg einfach nicht gesehen.

Wie so oft wurde mir auch hier wieder klar:

> Jedes Problem hat genau so viele gute wie schlechte Seiten. Wir müssen sie nur anschauen.

Was ein Trainer nun tun kann

Die meisten Trainer im Sport sind es gewohnt, die Anleitung zur Übung auszusprechen, Fehler zu korrigieren oder den Schützling während des Trainings anzutreiben. Dies ist ihre Disziplin und sie soll es auch bleiben. Schließlich sind sie Experten ihres Faches. Dennoch benötigen gerade junge Sportler, die sich in der Orientierungsphase ihres Lebens befinden, besonders auf mentaler Ebene Unterstützung. Wenn dies nicht gerade die Eltern oder eine andere Bezugsperson in Bezug auf den Sport leisten kann, dann sind die jungen Talente häufig allein mit ihren Themen. Da nicht jeder in solchen Fällen einen systemischen Coach engagieren kann, möchte ich im Folgenden eine simple Coachingmethode darstellen, die vom Trainer, so er gewillt ist, dies zu tun, angewendet werden kann. Es handelt sich hierbei um das sogenannte „Spiegeln" – eine einfache Technik, die aber selbst bei komplexen Problem oder Konfliktfällen Großes bewirken kann.

> **Die „Spiegel"-Technik**
>
> Wie der Name der Übung schon sagt, fungiert der Coach dem Klienten/dem Sportler als Spiegel. Hierbei gibt er ihm/ihr zu verstehen, wie er ihn oder sie in welcher Situation wahrnimmt. Besonders wichtig ist, dass man klarmacht, dass es sich um Hypothesen handelt und in „Ich-Botschaften" kommuniziert. Beispielhafte Hypothesen können beginnen mit:
>
> - Auf mich wirkt es so, dass Sie …
> - Ich nehme Sie wahr als …
> - Ich erlebe Sie in Wettkampfsituationen als …
>
> Da wir Menschen im zunehmenden Erwachsenenalter immer weniger Feedback von unserer Umwelt erhalten, bewirkt diese Art von Rückmeldung in vielen Fällen schon sehr viel.

Solche Rückmeldungen, die dem Sportler helfen können, finden automatisch Anklang bei ihm. Dies ist an einer emotionalen Reaktion zu erkennen, denn sie zeigt, dass eine „Taste" gedrückt wurde. Sie kann nur gedrückt werden, wenn sie vorhanden ist. Sprich, sie kann nur auslösen, was eh schon vorhanden ist – in irgendeiner Weise. Alles, was keinen Anklang findet, bezeichnen wir im Coaching als Geräusch. Es hat schlichtweg keine Bedeutung für den Klienten. Bewusst also von seiner Umwelt, in unserem Falle dem Trainer oder Coach gespiegelt zu werden, erzeugt eine gewollte Außensicht, die einem sonst verborgen bleibt. Mit den hier gewonnenen Erkenntnissen kann nun gearbeitet werden. Das Hilfreiche ist, dass Dinge an die Oberfläche, sprich ins Bewusstsein, geholt werden. Und diese Selbsterkenntnis ist der erste Schritt zur Lösung eines Problems. Wenn es mir bewusst ist, kann ich schließlich auf Lösungssuche gehen. Ich möchte hier ein Beispiel aus meinem Gesangscoaching beschreiben, welches sehr schön zeigt, wozu das Spiegeln durch den Coach imstande ist.

> **Beispiel**
>
> Während der gemeinsamen Arbeit an einem bekannten Gesangsstück unterbrach mein Coach die Übung und „spiegelte" mir, dass er mich erlebte, wie ich die Zähne zusammenbiss. Diese Spiegelung fand großen Anklang in mir, denn sie zeigte mir auf, dass ich – wieder einmal – verbissen an die Sache herangehe – im wahrsten Sinne des Wortes. Diese Herangehensweise hat nämlich Folgen. Sie wirkt sich beim Gesang auf meine Kieferstellung und meine Atmung aus, was es mir in der Folge erschwert, meine stimmlichen Fähigkeiten in Gänze zu entfalten.
>
> Dieses Verhaltensmuster der Verbissenheit zeigt sich, so wurde mir durch die simple Spiegelung klar, in Beruf, beim Tennis oder eben auch beim Gesang. Ein sehr schönes Beispiel, das zeigt, warum Bewegungs- oder Musiktherapie eine große Berechtigung haben.

Nun können und wollen wir unsere Sportler nicht therapieren. Wir können durch das Spiegeln jedoch Dinge an die Oberfläche holen und dem Sportler bewusst machen, mit denen dann gearbeitet werden kann. Aber auch hier gibt es Grenzen, an die man geraten kann und die das Engagement eines ausgebildeten Coaches begründen können. Und wieder wird klar: Trainingsmethoden, Fitnessübungen, Ernährungserkenntnisse sind ausgereift und werden mit viel Zeitinvestment umgesetzt. Wo bleibt aber die Arbeit mit dem Kopf? Sie wird dem Zufall überlassen. Bisher. Ich wünsche mir, dass dieses Buch einen Teil dazu beitragen kann, dies in Zukunft zu ändern. Ein systemisches Institut für Leistungssport mit einer Schar von Fachleuten ist Teil meiner Vision.

Zum Abschluss dieses Kapitels möchte ich noch einmal betonen, und allen Sportlern Mut machen, dass wir keineswegs unveränderlich sind und unseren negativen Emotionen in schwierigen Wettkampfsituationen ausgesetzt sind. Es gilt, sie nur, richtig zu händeln. Denn, es wäre doch schade, wenn der sportliche Erfolg wegen mentaler Themen auf der Strecke bleibt oder die Karriere gar endet.

19

Was funktioniert gut und wie bekomme ich mehr davon?

Zusammenfassung Die in den vorangegangenen Kapiteln ausgeführten systemischen Denk- und Arbeitsweisen lassen sich auch auf das Außen, also die Arbeit auf dem Trainingsplatz, übertragen. Als Trainer können Sie so all das, was wir in Gesprächen durchführen, auf Ihre Übungen anwenden. Dieses Kapitel zeigt hierzu ein Beispiel aus der Arbeit im „systemischen Tennistraining".

Systemische Denk- und Arbeitsweisen lassen sich von der Arbeit mit den inneren Themen auch auf das Außen, also die Arbeit auf dem Trainingsplatz, übertragen. Als Trainer können Sie so all das, was wir erfolgserprobt in Gesprächen durchführen, auf Ihre Übungen anwenden. Hierzu möchte ich ein weiteres Beispiel aus der Arbeit im „systemischen Tennistraining" zeigen:

> **Beispiel**
>
> Der Spieler hat die Aufgabe, den Ball 5 Mal diagonal über den Platz zu schlagen und im Anschluss daran einen Gewinnschlag mit vollem Risiko die Linie entlang zu platzieren. So viel zu einer völlig normalen Übung, die bis hier noch keine systemische Besonderheit aufweist. Neu soll nun sein, mit welchen Reaktionen und Kommentaren der Trainer auf die Leistung des Sportlers reagiert.
>
> Im Normalfall würde der Spieler zu hören bekommen, was er im Falle eines Fehlers falsch gemacht hat oder was er verbessern soll. An dieser Stelle möchte ich nun den Unterschied zeigen, welcher sich in der systemischen Trainingsweise auswirken soll.
>
> Hierzu gehe ich davon aus, dass der Spieler technisch fertig ausgebildet ist und es an seiner Technik also keine grundlegenden Korrekturen mehr braucht. Ausgehend von dieser Voraussetzung möchte ich empfehlen, dass Fehler einfach ignoriert werden und im Falle des Erfolges besprochen, also manifestiert wird, was zum Erfolg – einem sauberen Gewinnschlag – geführt hat. Diese einfache aber sehr wirksame Methode setzt den Fokus absolut auf das, was sein soll. Durch das Besprechen der zum Erfolg führenden Faktoren werden diese manifestiert und können wiederholt werden. Immer und immer wieder. Fehler werden einfach ignoriert. Wie gesagt, dies funktioniert wenn der Spieler fertig ausgebildet ist. Denn bei eben jenen Spielern zeigt sich, dass sie sehr gut selbst wissen, was es bei Fehlern zu korrigieren gilt. Wenn der Trainer nun nach erfolgreichen Schlägen immer wieder lobt und dazu aufzeigt, warum ein Schlag so gelungen war, kann sich der Spieler das „Erfolgsrezept" für die kommenden Situationen immer wieder vornehmen.

Was Peter über Paul sagt, sagt mehr über Peter als über Paul

Liebe Sportler, kennen Sie das? Sie sind im Wettkampf mehr mit Ihrem Gegner und seinen Unzulänglichkeiten beschäftigt, als sich auf sich und die eigene Leistung zu konzentrieren. Gerade im Tennis führt diese Eigenschaft immer wieder dazu, dass sich Sportler von der eigentlich notwendigen Konzentration abbringen lassen und somit Gefahr laufen, das Match zu verlieren. Häufig fallen einem die Konzentration und damit der Erfolg leichter, wenn man den Gegner schätzt.

Ich möchte nun eine Herangehensweise aufzeigen, die es einem ermöglicht, auch ungeliebten Gegnern konzentriert gegenüberzutreten und über Unwichtiges, was jedoch nerven kann, hinwegzusehen.

> **Beispiel**
>
> Stellen wir uns dazu vor, dass uns ein Gegner im Wettkampf gegenübersteht, welcher in uns Missmut erzeugt, weil er in unseren Augen zum Beispiel etwas Unprofessionelles und „Stümperhaftes" ausstrahlt. Dies können die falschen Socken, der falsche Schläger, eine hässliche Technik oder die Tatsache, dass er seine Trainingskleidung nach dem Aufwärmen nicht ablegt, sein. Treten wir nun einen sinnvollen Schritt zurück und machen uns klar, dass uns dies natürlich in keiner Weise beeinflussen sollte. Tut es jedoch! Zu häufig! Warum? Weil es einen Knopf in uns drückt, und dieser kann, wie zuvor schon beschrieben, nur in uns auslösen, was eh schon vorhanden ist. Häufig sind es die Dinge, die wir anderen vorwerfen, die uns an etwas an uns erinnern, oder die wir gar an uns selbst nicht mögen. So auch in Partnerschaften. Frauen, die ihrem Partner vorwerfen,

> zu wenig Zeit für sie zu haben, können sich beispielsweise fragen, wie viel Zeit sie sich selbst für sich nehmen. Der Partner dient in diesem Fall als wertvolle Projektionsfläche der eigenen Unzulänglichkeiten und funktioniert damit als Spiegel, den es ernst zu nehmen gilt. Wenn wir also Dinge an unserem Kontrahenten auszusetzen haben, fragen wir uns doch zum Beispiel:
>
> - Was sagt es über mich?
> - Woran erinnert es mich?
> - Welche Taste wird bei mir gedrückt?
>
> Auch wenn die Antworten auf diese Fragen häufig nicht so leicht zu finden sind, so wird jedoch schnell klar, dass der Kontrahent mitnichten darauf abzielt, uns zu provozieren, wenn er zu kurze Socken oder altmodische Schuhe trägt. Es kann uns so gelingen, ein wenig Missachtung abzulegen und vielleicht sogar Wertschätzung zu entwickeln.

Diesen Tipp möchte ich all denen geben, die sich beim Lesen der letzten Seiten angesprochen gefühlt haben:

> **Tipp**
> Wenn Sie Ihren Feind nicht besiegen können, so umarmen oder überraschen Sie ihn.

Wenn wir also Missgunst für unseren Gegner verspüren, so möchte ich empfehlen, möglichst eine positivere Beziehung zu ihm aufzubauen. Hierbei geht es nicht darum, ihm einen Gefallen zu tun, sondern selber entspannter in das Match starten zu können. In der neurolinguistischen Programmierung spricht man vom Aufbau des sogenannten Rapports, welcher eine Beziehung zum Kommunikationspartner darstellt. Habe ich diese erst einmal hergestellt, so fällt es mir leichter, meine Ziele in der Kommunikation zu erreichen, so beweist es NLP. Für uns Sportler kann dies bedeuten, dass es erst einmal gilt, den Gegner während der Vorbereitungszeit, und sei es nur die Aufwärmphase, „lieb" zu gewinnen. Ich werde, so denn erfolgreich, deutlich weniger Stress mit mir im Wettkampf aushalten müssen. Ein paar einfache Fragen, die ich mir über den Gegner stellen könnte wären zum Beispiel:

Fragen
- Was schätze ich am Gegner?
- Worum beneide ich ihn?

Im Klartext: Es gehen so viele Wettkämpfe verloren, weil wir den Gegner schlichtweg nicht leiden können und wir uns mehr über ihn aufregen, als uns voll auf uns zu konzentrieren. Seine „Macht" über uns müssen wir dem ungeliebten Gegner dringend nehmen. So habe ich mich einmal ganz bewusst während der Spielpause auf einen solchen Gegner und ein wertschätzendes Gespräch mit Interesse an ihm eingelassen, um diese negativen Emotionen loszuwerden. Mit Erfolg.

20

Mal gewinnt man, mal lernt man!

Zusammenfassung In diesem Kapitel möchte ich mich ausschließlich dem Umgang mit Fehlern widmen. Ihre richtige Bewertung ist maßgeblich für unseren Erfolg. Schließlich sind sie es, die einen Wettkampf entscheiden können, die zum Lernen aber auch unbedingt erforderlich sind.

Machen wir uns zunächst klar, in welcher Welt die meisten von uns aufgewachsen sind. Wir werden von Beginn unseres Lebens an darauf konditioniert, Fehler zu vermeiden. Fehler sind verboten, dürfen nicht sein, werden mit einem rotem Stift markiert, führen zu schlechten Schulnoten, Frust und Ärger zu Hause. Diese zahlreichen Erfahrungen, die ein Großteil von uns gemacht hat, bestimmen, wie wir uns heute in Beruf, in Beziehungen oder eben im Sport verhalten. Ganze Karrieren, ja sogar

Unternehmenskulturen, beruhen darauf, ja keine Fehler zu machen.

Ich halte es für dringend notwendig, dass wir alles Erforderliche tun, um unsere Bewertung von Fehlern ein wenig ändern und ihnen somit ihren Schrecken und die damit verbundenen negativen Emotionen zu nehmen. Schließlich geht es darum, einen Wettkampf zu bestreiten, und dies möglichst mit Freude, statt mit Angst vor Fehlern und Scheitern. Ich selber wurde erzogen, indem ich für Fehler „heruntergeputzt" wurde. Die damals so leidvoll empfundenen Gefühle steigen noch heute in mir auf und führen dazu, dass ich sehr streng mit mir selbst bin. Mein Gesangslehrer wunderte sich erst kürzlich, warum ich mit mir selber schimpfe. An dieser Stelle erneut eine Frage:

> Wenn Sie sich im Wettkampf selbst beschimpfen. Wer spricht da eigentlich mit wem?

In meinem Falle sprach und spricht mein Vater mit mir. Diese Bewusstwerdung verschafft Erleichterung, denn ich kann mich in entsprechenden Situationen nun anders verhalten, indem ich mich bei Fehlern daran erinnere, dass ich nicht mehr 5 Jahre sondern 35 Jahre alt bin. Dieser Prozess führt zu einer langsamen Verbesserung meiner Selbstakzeptanz.

Dazu sollten wir uns vor Augen führen, dass Fehler unbedingt erforderlich zum Lernen sind. Ohne sie blieben wir immer die Gleichen und würden niemals dazulernen. Michael Jordan sagte einmal sinngemäß:

Ich werde an meinen Erfolgen gemessen, aber Sie glauben nicht, wie oft ich danebengeworfen habe und gescheitert bin.

Der Unterschied zwischen einem Meister seines Faches und einem Lehrling ist, dass der Meister 10 Mal öfter gescheitert ist, als der Lehrling es je versucht hat. Fehlermachen bedeutet lernen. In der Softwareentwicklung, in der ich heute als Berater tätig bin, heißt es sogar, „fail often and fail fast". Mit anderen Worten bedeutet dies „lern often and learn fast". Es geht also darum, zum Erfolg zu scheitern. Die Angst vor dem Misserfolg bremst uns jedoch häufig im Probieren neuer Dinge. Da Angst jedoch kein guter Ratgeber ist, möchte ich meinen Coach zitieren, der einen wunderbaren Satz sagte:

Die Angst zeigt dir den Weg. Immer der Angst entlang. Gehe dahin, wo sich deine Angst befindet und deine Angst verschwindet.

Denn die eben beschriebene Angst führt dazu, dass beispielsweise von Vornerein unterlegene Tennisspieler nicht das tun, was sie eigentlich wissen und tun müssten. So bleiben sie gegen übermächtig erscheinende Gegner wie Novak Djokovic selber an der Grundlinie und trauen sich den Angriff an das Netz nicht zu. Alle wissen, es wäre die einzige Möglichkeit, zu gewinnen. Doch da die Angst, am Netz passiert zu werden, größer ist als der Wille, es zu probieren, hoffen jene Spieler auf einen schlechten Tag des Gegners und lassen sich in Grund und Boden spielen. Wenn Fehler nun jedoch Lernen bedeuten, dann gibt es im Grunde kein Scheitern mehr. Das Einzige, wozu Fehler nicht führen sollen, ist das Aufgeben. Solange wir lernen und etwas versuchen, ist doch alles in Ordnung. Ein erfolgreicher Großindustrieller hat einmal gesagt:

> Wahrer Erfolg ist, von Scheitern zu Scheitern zu eilen und dabei nicht die Begeisterung für etwas zu verlieren. Ändere den Plan, wenn er nicht funktioniert, aber niemals deine Ziele.

21

Passen Sie auf, was Sie denken

Zusammenfassung Viele Sportler haben – rein sportlich gesehen – das Zeug dazu, Großes zu erreichen, aber ihre mangelhaften mentalen Fähigkeiten hindern sie daran. Doch was sind „Mentale Fähigkeiten"? Darauf möchte ich in diesem Kapitel vertieft eingehen und Techniken zeigen, wie wir an die richtigen bzw. notwendigen Gedanken kommen.

Systemisches Coaching ist, wie wir in den Kapiteln zuvor gesehen haben, zu vielem imstande. Besonders kann es jedoch helfen, den Sportler auf die richtige Weise auf den Wettkampf einzustellen. Laura Siegemund, studierte Psychologin und Weltranglisten 44. im Damen-Tennis schrieb ihre Bachelor-Arbeit über das „Versagen unter Druck". Eben jener kann verantwortlich dafür sein, dass wir an den zu hohen Erwartungen, die wir selber und andere an uns stellen, zerbrechen. In der einen Saison noch als „Underdog" ohne große Erwartungen beflügelt von Erfolg zu Erfolg geeilt, können wir kurz darauf als Führende der Ranglisten zum Gejagten werden, gegen den es nichts mehr zu verlieren gibt. Auf einmal heißt es dann: „Sie müssen gewinnen, alles andere wäre eine große Enttäuschung." Doch auch diese Bewertung der Situation ist nur ein Konstrukt, welches wir uns auferlegen oder auferlegen lassen. Objektiv betrachtet ist die Situation vor dem Wettkampf noch dieselbe. Wir schlafen, wir essen, wir trainieren. „Nur" unsere Gedanken spielen nun ein anderes Spiel. Wohin also mit dem ganzen Druck?

Viele Athleten sind in bester körperlicher Verfassung, ernähren sich optimal und sind mit Talent gesegnet. Und doch will der Knoten nicht so recht platzen, der Durchbruch nicht recht gelingen. Und es geht ihnen dann wie schon vielen Sportlern in der Vergangenheit: Sie kommen nicht ins „Geldverdienen" und müssen die Karriere aus wirtschaftlichen Gründen vielleicht sogar abbrechen. Woran es diesen Sportlern fehlt, sind die mentalen Fähigkeiten. So viele gibt es, die rein sportlich das Zeug hätten, Großes zu erreichen, doch ihre mangelhaften mentalen Fähigkeiten, letztlich ihre hinderlichen Gedanken, Muster und Bewertungen ihrer Umwelt hindern sie daran.

Doch was heißt das nun: „Mentale Fähigkeiten"? Ganz einfach: Diese Sportler, von denen ich spreche, haben letztlich und ganz einfach nicht die richtigen Gedanken. Genau darauf möchte ich nun vertieft eingehen und Techniken zeigen, wie wir an die richtigen bzw. notwendigen Gedanken kommen. Stellen wir uns folgendes Beispiel vor:

> **Beispiel**
>
> Ein Sportler begeht im Wettkampf einen menschlichen Fehler. Das, was nun häufig und sofort abläuft, sind Gedanken wie:
> - Ich bin zu schlecht.
> - Ich schaffe es nicht.
> - Hoffentlich verliere ich nicht.
> - Das ist peinlich vor den vielen Zuschauern.
>
> Genau an diese Gedanken sind nun natürlich negative Emotionen geheftet, welche es den Sportlern in der Folge schwer machen, die notwendige Konzentration zu halten.

Wenn Rafael Nadal von sich sagt, er kontrolliere seine Emotionen, so meint er, er kontrolliert seine Gedanken. Wie schon häufiger im Buch erwähnt, können wir natürlich nicht so einfach aufhören, zu denken, aber wir können uns Automatismen angewöhnen:

Immer, wenn wir einen Fehler begehen, konzentrieren wir uns sofort auf unsere Umwelt. Wir können uns fragen: Was rieche ich oder was höre ich? Das mag absurd klingen, jedoch ist diese simple Technik hoch effektiv, denn wenn ich mich bewusst auf meinen Geruchs- oder Hörsinn konzentriere und bewusst wahrnehme, was ich gerade rieche oder höre, so ist in meinen Gedanken keinerlei Platz für all den hinderlichen Ballast, der uns für gewöhnlich das Leben so schwer macht. Die Emotionen werden sofort milder und wir können bei höchster Konzentration beim weiteren Wettkampfverlauf bleiben. Wagen wir ein Gedankenexperiment.

> **Beispiel**
>
> Stellen Sie sich vor, Sie bestreiten einen Wettkampf und stehen gehörig unter Druck, weil Sie die ganze Zeit denken: „Hoffentlich verliere ich nicht. Ich muss gewinnen, ich bin der Favorit. Eine Niederlage wäre so peinlich."
>
> Wie würde es sich ohne diesen Gedanken leben? Stellen Sie sich vor, Sie könnten ihn gar nicht denken.

In meiner eigenen Tennislaufbahn war stets auffällig, dass ich immer dort am besten gespielt habe, wo ich die Gegner nicht persönlich kannte. Turniere weit weg von der Heimat waren mir so die liebsten. Denn so konnte ich frei und unbefangen in den Wettkampf gehen. Wenn Sie sich also vorstellen, dass Sie Ihren Kontrahenten gar nicht kennen, so fallen einige Hürden weg. Natürlich ist das reine Theorie. Worauf ich jedoch hinauswill, ist, dass all die Bewertungen, die wir in unseren Gedanken abgeben, keineswegs unveränderlich sind. Immer, wenn Sie also einen Gedanken nicht denken möchten, so versuchen Sie gar nicht erst, ihn zu verdrängen. Tun Sie stattdessen etwas anderes. Das einfachste Mittel ist, wie gesagt, sich ganz bewusst auf seine Sinneswahrnehmung zu konzentrieren, und Sie werden sehen, dass die Gedanken verfliegen. Das Schöne daran ist, dass auch die negativen Emotionen mit diesen Gedanken gemildert werden.

Pete Sampras, ehemalige Nummer 1 der Tenniswelt hat einmal gesagt:

Ich wollte nie Wimbledon gewinnen oder die Nummer 1 werden. Ich wollte einfach immer nur den nächsten Punkt machen. Der Rest war lediglich das Ergebnis.

Dieses simple Beispiel beweist, was möglich ist, wenn wir absolut im Hier und Jetzt leben und kämpfen. Voller Fokus und Konzentration ist das Ergebnis. Der Erfolg gibt „Pistol Pete", so sein Spitzname, Recht. Wir haben doch eh keine andere Wahl. Wir können nur im Hier und Jetzt leben.

Fokussieren wir uns also absolut auf das Hier und Jetzt, steigern wir die Konzentration und legen somit alle hinderlichen mentalen Hürden im Wettkampf ab. Um noch einmal aufzuzeigen, wie Sie sich ins Hier und Jetzt „holen" können, möchte ich wie immer ein paar Fragen stellen:

> **Fragen**
> - Welche Gerüche nehmen Sie gerade wahr?
> - Was hören Sie gerade alles?
> - Wie tief atmen Sie momentan?

Sie können sich zu jedem beliebigen Zeitpunkt aus Ihren Gedanken holen und diese einfachen, aber extrem wirksamen Fragen stellen. Alternativ können Sie sich ganz bewusst auf einen tiefen Atem konzentrieren.

Entwickeln Sie Automatismen, die Sie im Wettkampf abrufen, sobald Ärger oder Frust Ihnen die Konzentration zu stören drohen.

> Bedenken Sie stets dabei: Sie sind nicht Ihre Gedanken!

In einer Trainingseinheit mit einem befreundeten Tennisspieler, welcher sich – wie viele – gerne einmal über sich und die Bedingungen im Match, wie das Wetter, den Wind und den schlechten Platz, lautstark aufregte, bat ich ihn, doch bitte an einem kleinen Experiment teilzunehmen. Er erklärte sich bereit und ich gab ihm die Aufgabe, bei jedem produzierten Fehler automatisch daran zu denken, was er gerade rieche. Ich würde es danach wissen wollen. Was glauben Sie, was passierte? Natürlich fand er es zunächst absurd, er ließ sich aber dennoch darauf ein und fortan war Ruhe. Es war einfach nicht möglich, sich auf einen Geruch zu konzentrieren und sich gleichzeitig von schlechten Gedanken einnehmen zu lassen.

Ich wünsche auch Ihnen, dass Sie sich einlassen. Ich bin mir sicher, Sie oder Ihr Schützling haben das Zeug zum Erfolg. Sie brauchen nur die richtigen Gedanken! Nicht ohne Grund gelten Menschen, die sich weniger Gedanken machen, als „zufriedener" in der Allgemeinheit. Dies liegt einfach daran, dass sie weniger bewerten und somit gelassener sind. Davon können wir „Denker" uns getrost eine Scheibe abschneiden und uns diese Möglichkeit zunutze machen, indem wir lernen, weniger zu denken und mehr wahrzunehmen. Unsere Sinnesempfindungen sind da das einfachste Mittel.

22

Die Retrospektive

Zusammenfassung Eine Retrospektive – ein regelmäßiges Meeting des Projektteams – ist ein Bestandteil des Projektmanagements, bei dem auf das Geleistete zurückgeblickt wird. Obwohl die Retrospektive zunächst nichts Grundsätzliches mit der systemischen Arbeit zu tun hat, möchte ich ihr ein Kapitel widmen, um aufzuzeigen, wie in modernen Teams dieses hoch wirksame Meeting dafür sorgt, dass noch bessere Erfolge erzielt werden.

Die Retrospektive an sich hat erst einmal nichts Grundsätzliches mit der systemischen Arbeit zu tun. Dennoch möchte ich ihr ein kurzes Kapitel widmen, um aufzuzeigen, wie in modernen Teams dieses hoch wirksame Meeting dafür sorgt, dass noch bessere Erfolge erzielt werden. Bei der Planung einer sportlichen Karriere gibt es einige

Faktoren, für die es auch einfach etwas Glück braucht. Nicht alles lässt sich planen und Dinge wie Verletzungsgefahr oder ein schwarzer Tag sind ein ständiger Begleiter in der Trainingsarbeit, aber auch im Wettkampf.

Um Mut zu machen, auch neue Dinge auszuprobieren, beispielsweise die Ergebnisse von Konferenzen oder Vortragsbesuchen, empfehle ich, den eigenen Prozess immer wieder, und damit meine ich mehrfach im Monat (2 Mal), unter die Lupe zu nehmen. Dazu soll das Retrospektiven-Meeting, an dem Sportler und Team teilnehmen sollen, genutzt werden. Einfach gesprochen möchte ich Ihnen also empfehlen, die eigene Arbeit immer und immer wieder kritisch zu hinterfragen und zu optimieren. Im Zentrum dieser Treffen sollen folgende Fragen stehen:

> **Fragen**
> - Was lief gut in den letzten 2 Wochen?
> - Was möchten wir verbessern?
> - Wovon wollen wir weniger?

Diese 3 simplen Fragen sollen einerseits dazu führen, sich bewusst zu machen und vor allem zu manifestieren, was gut lief. Nicht der Zufall soll dazu führen, dass wir Dinge gut machen, sondern eine strikte Wiederholung dieser Dinge soll unseren Erfolg steigern. Außerdem wollen wir unsere Zusammenarbeit verbessern. Hier soll vor allem auch der Sportler gefragt sein, denn in der klassischen Trainingsarbeit gibt der Trainer das „Was" und das „Wie" vor. In modernen Teams der Produktentwicklung gibt es eine klare 3-gliedrige Aufteilung von Verantwortlichkeiten auf 3 Rollen:

- **Produktivität:** Der Prozessmaster ist für diese und die Einhaltung des Prozesses verantwortlich. Er, in unserem Falle wäre es der Trainer, sorgt dafür, dass das Team (bei uns der Sportler) ungestört arbeiten kann. Alle Hindernisse werden vom „Master" aus dem Weg geräumt.
- **Profitabilität:** Der Owner des Produkts ist für diese verantwortlich und hat eine klare Vision von dem, „was" erreicht werden soll. Er ist sich im Klaren darüber, was er vom Team (in unserem Fall dem Sportler) will, und priorisiert die zu gehenden Schritte. Das „Wie" hingegen wird völlig dem Entwicklungsteam überlassen.
- **Lieferung und Qualität:** Das Produktentwicklungsteam ist für diese Punkte verantwortlich und bringt sein gesamtes Know-how ein. Wie das Ziel des Owners erreicht wird, bestimmt das Team selbstorganisiert und mit Unterstützung des Masters.

Wenn man sich diese Dreigliedrigkeit abschauen möchte, so wird klar, welche Rolle der Trainer und welche der Sportler spielen kann. Ich möchte darauf hinaus, dass derjenige, welcher am Ende die Leistung „auf die Straße" bringen muss – nämlich der Sportler – viel mehr in die Planung der Aktivitäten einbezogen wird und weniger Gehorsam leisten muss, wie es nun einmal in der klassischen Trainingseinheit vorgesehen ist. Darüber hinaus können wir im Gespräch mit dem Sportler viel mehr über seine Werte und das, was ihn tatsächlich antreibt, in Erfahrung bringen. Dies geht nicht einfach über bloßes Fragen, denn wir Menschen tragen auch völlig unbewusste Treiber in uns, die dafür sorgen, dass wir Leistung bringen. Vielmehr braucht es professionelle Methoden, um sich dem Unbewussten anzunähern.

23

Den Dingen den richtigen Stellenwert geben

Zusammenfassung An mehreren Beispielen haben wir bereits gesehen, dass Sportler im Wettkampf oft zu verbissen sind, sich bei Fehlern oder Niederlagen übertrieben emotional verhalten und diese „Haltung" letztlich ihre Fähigkeiten und damit den Erfolg einschränkt. Dieses Kapitel soll Sie darin unterstützen, dem Beruf in Ihrem Leben den „angemessenen" Stellenwert zu geben. Denn dieser sollte nicht über Ihr Lebensglück entscheiden.

Schon mehrfach habe ich erwähnt, dass viele Sportler im Wettkampf verbissen sind, sich im Falle von Fehlern oder gar Niederlagen übertrieben emotional verhalten und diese „Haltung" letztlich die Fähigkeiten und damit den Erfolg einschränkt. Man könnte interpretieren, dass für diese Wettkämpfer der Sport einen „zu großen"

Stellenwert hat. Auch wenn der Sport der Beruf ist, der einen ernähren soll, so verhält es sich doch wie mit allen anderen Berufen auch: Es ist „nur" der Job. Das mag für viele vermessen klingen, da wir doch so viel Zeit mit unserem Beruf verbringen und in diesem Kollegen sogar öfter und mehr sehen als die Freunde und die Familie. Aber dennoch: Es ist nur der Beruf. In den folgenden Zeilen möchte ich dazu verhelfen, dem Beruf den „angemessenen" Stellenwert zu verleihen und damit unterstützen, die Sache weniger verbissen anzugehen.

Stellen wir uns ein kleines Kind kurz nach der Geburt vor. Es ist durch seine genetischen Eltern ein wenig geprägt, aber ansonsten ist es noch völlig „frei" – frei von Glaubenssätzen, Mustern und Prägungen der Eltern. Irgendwann lernt dieses junge Kind dann im Laufe des Lebens, was es alles „muss". Vor allem eines: Man muss arbeiten. Interessant ist, dass in anderen Erdteilen ganz andere innere „Verpflichtungen" angelegt werden. Zum Beispiel „du musst glücklich sein" oder „du musst dich um die Familie kümmern". Worauf ich hinauswill, ist, dass wir in einer extrem leistungsorientierten westlichen Welt leben und dass der Beruf allein dadurch bedingt einen unglaublich hohen Stellenwert erlangt. Und dennoch:

> Wir sollten uns viel öfter die Frage stellen, ob es richtig ist, nur weil es alle tun.

Mit diesem Satz hat Albert Einstein es für mich perfekt beschrieben. Es gibt ein paar Dinge, die müssen tatsächlich alle Menschen. Und wenn man es radikal reduziert, dann ist es nur eines: sterben. Der Rest ist mehr oder

23 Den Dingen den richtigen Stellenwert geben

weniger freiwillig. Auch wenn es natürlich viele andere Dinge gibt, von denen wir glauben, dass wir sie tun „müssen". Diese Diskussion kann man stundenlang führen.

Wir sind nicht auf die Welt gekommen, um zu arbeiten. Wir sind auf dieser Welt, um glücklich zu sein zum Beispiel. Unterhalten Sie sich mal mit einem Menschen aus Butan, dem glücklichsten Volk der Erde, darüber. Sie werden sehen, welchen Stellenwert der Beruf dort hat. Natürlich ist er auch für mich als Teil der westlichen Welt sehr wichtig. Aber mittlerweile ordne ich ihn richtig ein und weiß aus Erfahrung, dass man auch ohne ihn glücklich sein kann. Hierzu möchte ich von einem kleinen Experiment aus der Glücksforschung berichten, an dem ich dieser Tage teilnehme. Es trägt den Namen „Glückstagebuch".

Glückstagebuch

Für 3 Monate ist es meine Aufgabe, in ein kleines schmuckvolles Buch jeden Abend 3 Dinge einzutragen, die mich an diesem Tag glücklich gemacht haben. Nach ca. 1 Monat blätterte ich das erste Mal zurück, um meine bisherigen Einträge Revue passieren zu lassen. Schnell kam ich zu 2 erstaunlichen Erkenntnissen, die man so auch in einem Ratgeber hätte nachschlagen können. Viel schöner ist es jedoch, sie am eigenen Leibe erfahren zu dürfen.

1. Keines der Dinge, die mich glücklich gemacht haben und welche ich in mein Buch eingetragen habe, hat Geld gekostet, und …
2. Das Glück war jeden Tag anwesend. Jeden Tag. Ich habe nur hingeschaut.

Beim näheren Betrachten meiner Einträge stellte ich 2 weitere Auffälligkeiten fest. Die meisten meiner Einträge hatten mit meinen geliebten Freunden und dem Lachen und Zusammensein mit ihnen zu tun. Dazu kommt, dass extrem wenige Einträge meines Glückstagebuches mit meinem Beruf zu tun hatten. Ich würde es sogar auf eine Zahl unter 3 % der Einträge beziffern. Hieraus habe ich eines für mich, mein Leben und meinen Beruf gelernt: Was wichtig für mich ist, steht in meinem Buch und ich sollte es pflegen. Es ist quasi mein Rezept. Dies hilft mir, die Dinge außerhalb dieses Rahmens auf eine angemessene Art und Weise einzuordnen. Wie den Beruf zum Beispiel. Man kann auch ohne ihn glücklich sein. Dies führt zu direkter Entspannung und mehr Gelassenheit im Job. Die Mitglieder meines Teams bei der deutschen Bahn, bei der ich derzeit als Berater unterstützen darf, wundern sich wahrscheinlich des Öfteren über meine Gelassenheit, wirken sie selbst doch so gestresst, angespannt und getrieben wenn die beruflichen „Themen" und der Termindruck seitens der Organisation häufig doch so schwer und groß erscheinen. Mir gelingt dies auch erst jetzt, wo ich weiß, welchen Stellenwert die Dinge haben.

Durch die Konzentration und den Blick auf das Vorhandene, das Gelingende und das Gute verändert sich unsere selektive Wahrnehmung. Das ist es für mich, worauf die Arbeit mit dem Glückstagebuch abzielt. Ich lerne, dass wir eine Wahl haben, worauf wir uns konzentrieren.

Um zum Sport zurückzukommen, möchte ich jedem Wettkämpfer empfehlen, sich diesem wirklich wirkungsvollen Experiment zu stellen und einmal über ein Vierteljahr täglich 3 Dinge niederzuschreiben, die einen

23 Den Dingen den richtigen Stellenwert geben

glücklich oder fröhlich machen. Es wir Ihnen helfen, zu mehr Gelassenheit im Sport und im Wettkampf zu gelangen. Wenn Sie feststellen, dass der Sport alles ist, was Sie haben, dann sollten Sie dringend ins Handeln kommen und wieder mehr Dinge in Ihr Leben holen, die fröhlich machen. Zu groß ist die Gefahr, die sich auch seelisch ergeben kann, wenn Sie eines Tages die Sportschuhe an den Nagel hängen. Besonders vielen Männern geschieht dies, die nach vielen Jahren voller Leistung im Beruf plötzlich und über Nacht in den wohlverdienten Ruhestand eintreten. Ein Leben lang dachten sie „Erst die Arbeit, dann das Vergnügen". „Wenn ich in Rente gehe, mache ich es mir schön." Und dann? Was bleibt? Ein Teil der Freunde ist vielleicht schon gestorben. Hobbys gibt es keine, denn die Karriere ließ keine Zeit dafür. Wo nun Energie tanken? Das Telefon klingelt nicht mehr. Keine E-Mail-Flut. Ich möchte Ihnen versprechen: So ein Tag ohne „Arbeit" kann ganz schön lang werden.

Investieren Sie früh. Letztlich in die Gesundheit. Sie ist ein Geschenk, das wir uns täglich selber machen müssen. Interessant ist nämlich, dass wir unser Leben lang für den Beruf unsere Gesundheit schinden, um Geld zu verdienen. Am Ende geben wir sehr viel Geld aus, um unsere Gesundheit wieder herzustellen. Ist das nicht absurd? Eines habe ich in den vergangenen Jahren gelernt: Gesundheit ist nicht alles, aber ohne Gesundheit ist alles nichts. Sorgen Sie also für seelisches Gleichgewicht und dafür, dass Ihr Sport wichtig bleibt, aber nicht zum „Einzigen" in Ihrem Leben wird. Es gilt ja auch, dem Druck, der mit dem Wettkampf und der Karriere einhergeht, standzuhalten. In meiner Beobachtung gelingt dies jenen erfolgreichen Menschen am besten, die ein gesundes Umfeld aus Familie und Freunden um sich haben. Dies bestätigt auch die größte Studie zum Thema Glück, die es je gegeben hat (Harvard-Studie des US-Psychiaters Robert Waldinger aus dem Jahr 2014). Seit über 80 Jahren werden Menschen aus vielen Teilen der Welt zu ihrem Lebensglück befragt. Viele Seiten an schriftlichem Material sind dabei zusammengekommen und bei aller Vielfalt gibt es ein eindeutiges Ergebnis: Es sind die Menschen am glücklichsten, die ein tolles Umfeld aus Familie und Freunden ihr „Eigen" nennen dürfen. Zum Thema „Dingen den angemessenen Stellenwert geben" möchte ich auch hier wieder einige Fragen stellen:

> **Fragen**
> - Wann waren Sie in Ihrem Leben am glücklichsten?
> - Was hat Sie gestern glücklich oder wenigstens fröhlich gemacht?
> - Was in der letzten Woche?
> - Was im letzten Monat?
> - Was hat Sie als Kind glücklich und fröhlich gemacht?
> - Wie können Sie diese Dinge reproduzieren?
> - Wie fühlte es sich an, wenn Sie jemandem geholfen haben, ihm oder ihr einen Gefallen getan haben?
> - Wie fühlte es sich an, wenn Sie etwas geteilt oder gegeben haben?

Wenn Sie sich diesen Fragen immer wieder stellen, werden Sie merken, dass das Glück längst anwesend ist. Es ist kein Zustand, den es zu erreichen gilt am Ende einer langen Suche. Es gilt lediglich, hinzuschauen. Es ist alles schon da. Glauben Sie mir! Und vor allem ist das Meiste

23 Den Dingen den richtigen Stellenwert geben

kostenlos. Wir leben in einem Zeitalter, in dem es darauf ankommt, was wir am Ende geteilt und nicht, was wir behalten haben. Dies haben wunderbar die Abschiedsworte gezeigt, die Steve Jobs kurz vor seinem Tode an die Welt richtete. Er stellte fest, dass er alle Besitztümer und den materiellen Reichtum nun nicht mitnehmen könne. Er könne nur die Erinnerungen an die geliebten Menschen und an das, was er gegeben hat, mitnehmen. Im Übrigen wette ich, dass auf dem Sterbebett noch niemand gesagt hat:

Ich war zu wenig im Büro!

24

Freiwilligkeit und „Pull-Prinzip"

Zusammenfassung Der Mensch hat die Neigung, freiwillig zu entscheiden, was er tut, wo er es tut etc. Wir sind umso motivierter, wenn wir uns freiwillig für eine Aufgabe entscheiden. In diesem Kapitel möchte ich zeigen, wie man aus agilen Projekten und deren Organisation über das Pull-Prinzip lernen kann und wie man diese Erkenntnisse in die Trainingsarbeit integriert und dadurch schließlich wahre Motivationsschübe freisetzt.

Der Mensch ist nicht sonderlich gut darin, Ratschläge anzunehmen. Daher hat das systemische Coaching auch seinen Namen „Beratung ohne Ratschlag" verdient. Erst das Gewinnen der eigenen Erkenntnis oder die eigene Einsicht führen wahrhaftige Bereitschaft zur Veränderung herbei. So beruhen viele Techniken im systemischen

Coaching auf Fragen und Perspektivwechseln. Dadurch soll ein anderer Blick auf das jeweilige Thema ermöglicht werden. Sätze wie „so habe ich das noch nie gesehen" sind daher eine häufig anzutreffende Erscheinung im beraterischen Alltag. Stellen Sie sich vor, Sie wollen, um Ihr Trainingsziel zu erreichen, 3 kg verlieren. Neben der regelmäßigen Trainingsarbeit entschließen Sie sich daher dazu, die Kalorienzufuhr pro Tag um 400 kcal zu reduzieren. Als ausgewachsener Mann nehmen Sie nun also für beispielsweise 1 Monat statt 2200 kcal nur noch 1800 kcal zu sich. Ich selber habe auf diesem Wege schon einmal ca. 30 kg abgenommen. Das sei jedoch nur nebenbei erwähnt. Wir haben nun verschiedene Möglichkeiten, diese Aufgabe gedanklich zu meistern. Es könnte in unserem Beispiel heißen:

- „Ich muss 400 kcal am Tag sparen" oder
- „Ich darf am Tag 1800 kcal zu mir nehmen".

Dieses einfache Beispiel zeigt einmal mehr: Wir haben die Wahl. Ist das Glas halb leer oder halb voll? Sehe ich das Vorhandene oder das Fehlende?

Genau um diese Entscheidung auf eine positive Art zu beeinflussen, bietet der Coach Hilfestellung über verschiedene Methoden wie die oben beschriebenen. Am Ende zeigt sich, die Beratung ohne Ratschlag ist deshalb so erfolgreich und nachhaltig, weil sie die eigene Erkenntnis und somit die Freiwilligkeit zur Veränderung fördert, indem sie den Ratschlag außen vor lässt. Ich selber bemerke bei mir selbst zum Beispiel immer wieder einen regelrechten Widerstand, der in mir aufkeimt, sobald man mir mit Ratschlägen „kommen" möchte. In seinem Buch „Drive, was Sie wirklich motiviert" (2010) schreibt Daniel H. Pink auf sehr eindrucksvolle Weise über wissenschaftliche Erkenntnisse zum Thema Autonomie. Also zur Neigung des Menschen, freiwillig zu entscheiden, was er tut, wo er es tut oder wie er es tut. Dieses Wissen machen sich beispielsweise sogenannte agile Projekte zu eigen, in denen ein klares Ziel gefordert ist, die Menschen jedoch selber entscheiden dürfen, von wo, wann oder wie sie ihre Lieferung erbringen. Denn letztlich geht es nicht um das schlichte Arbeiten. Es geht um Ergebnisse und Lieferungen. Dies gilt genauso für den Sport. Als 2011 der verpflichtende Zivildienst abgeschafft wurde, gab es große Befürchtungen, dass durch fehlendes Personal viele Dinge in Krankenhäusern, Pflegeheimen und anderen sozialen Einrichtungen fortan nicht mehr ausgeführt werden. Und genau das Gegenteil war der Fall. So schrieb Anne Cless vom Sozialministerium Baden Württemberg beispielsweise:

> Im Gegensatz zum Zivildienst sind die Teilnehmerzahlen des FSJ in Baden-Württemberg in den letzten Jahren ständig gestiegen. In diesem Jahr nehmen rund 4300 Freiwillige am FSJ in Baden-Württemberg teil. Das sind rund 25 % aller Freiwilligen am FSJ bundesweit.
>
> Diese Zahl macht deutlich, dass sich junge Menschen – entgegen dem in den Medien häufig gepflegten Bild der jungen Generation als Spaßgesellschaft – auch heute selbstverständlich sozial engagieren, sich einbringen und mithelfen wollen.

Dieses reelle und anfassbare Beispiel zeigt auf sehr eindrucksvolle Weise, wie viel Motivation doch frei wird, wenn wir uns freiwillig für eine Aufgabe entscheiden. Genau aus diesem Grunde üben wir bis nachts Klavierspielen, wollen beim Sprint schneller werden oder schreiben ein Buch. In diesem Kapitel möchte ich zeigen, wie man aus agilen Projekten und deren Organisation über das Pull-Prinzip lernen kann, diese Erkenntnisse in die Trainingsarbeit integriert und wahrhafte Motivationsschübe freisetzt – alles ohne Strafandrohung, Tadel und Zwang.

Zunächst ein Beispiel aus meiner derzeitigen Arbeit als systemischer Berater im unternehmerischen Kontext und im Folgenden eine konkrete Trainingsplanung über die Nutzung des Pull-Prinzips.

Ich möchte vorab noch eine Behauptung aufstellen. In vielen Sportarten ist es so, dass junge Wettkampfsportler zu früh die Lust und Motivation an ihrem einst geliebten Sport verlieren. Ein besonderes Problem, wie ich finde, in westlichen Kulturen, in denen wir im Überfluss leben und das Angebot „zu" groß ist, um fokussiert zu bleiben. Plötzlich und nahezu über Nacht werden andere Dinge wichtig und abrupt endet die eben noch so vielversprechende junge Sportlerkarriere. Ich stelle an dieser Stelle die Hypothese auf, dass wir diesem Problem vorgreifen, indem wir das Prinzip der Freiwilligkeit in die Trainingsarbeit einbauen, indem wir das Pull-Prinzip leben. Dies heißt jedoch keineswegs, dass jeder machen darf, was er will. Dazu nun also zunächst das angesprochene Beispiel aus meiner täglichen Arbeit in einem deutschen Großkonzern:

24 Freiwilligkeit und „Pull-Prinzip"

Beispiel

Im aktuellen Projekt entwickeln wir eine Software, die unter anderem dazu führt, den Treibstoffausstoß auf deutschen Autobahnen im Warentransport per Lkw zu reduzieren. Dieses riesige Softwareprojekt wird in viele kleine 2-Wochen-Projekte gestückelt und alle 2 Wochen verspricht das Entwicklerteam in einem Meeting, was es in den kommenden 2 Wochen von der zu erledigenden Arbeit liefern will. Diese Hoheit und damit das Recht zur Freiwilligkeit werden dem Team gegeben und es bestätigt sich sofort, was ich zu Beginn des Kapitels beschrieb. Eine außerordentliche Kraft wird freigesetzt und die Teammitglieder wollen liefern. Bei ihrem Versprechen, bestimmte Dinge zu liefern, übernehmen sie sich eher, als sich entspannt zurückzulehnen, wie Kritiker des Prinzips behaupten. Man muss die Teammitglieder regelmäßig nahezu bremsen, damit sie sich nicht übernehmen. Schließlich soll auch die Qualität der Lieferung stimmen. In einem zweiten Meeting direkt im Anschluss bekommen die Teammitglieder nun die Möglichkeit, die versprochene Lieferung in kleine Arbeitsschritte zu unterteilen. Letztlich schreiben sie gemeinsam eine lange To-do-Liste, welche es in den folgenden 2 Wochen nun abzuarbeiten gilt. Alle hier entstandenen Aufgaben landen an einem Board, dem sogenannten Taskboard.

Täglich treffen sich nun die Teammitglieder für eine Viertelstunde am Taskboard, welches für alle sichtbar an der Wand hängt oder im Raum steht. In dieser 15-minütigen Session stimmen sich die Teammitglieder ab, bieten sich Unterstützung an, benennen Behinderungen und planen so den gemeinsamen Arbeitstag. Dabei immer im Blick: das Ergebnis und die Lieferung nach 2 Wochen. Doch vor allem tun die Teammitglieder an diesem Board eines: Sie *nehmen* sich die Arbeit, die sie leisten wollen, und müssen keine erledigen, die ihnen von irgendjemandem aufgetragen wird.

In diesem Beispiel wird exakt das sogenannte Pull-Prinzip beschrieben und es setzt eine Menge Motivation frei. Denn man erledigt nur noch Aufgaben, die man erledigen möchte. Und keine mehr, die man übernehmen muss. Diese kleine Veränderung sorgt für ein ungeahntes Maß an Eigenmotivation, welche ständig zu spüren ist – auch am eigenen Leib. Man fühlt sich nahezu „frei-"gelassen und dies steigert die Lust, etwas mit und für das Team zu leisten, nur umso mehr. Am Ende haben die Teammitglieder jedoch eines im Blick. Es gilt, zu liefern. Dazu hilft die Aufteilung am Board, denn oben hängen die wichtigsten Dinge und nach unten hin die weniger wichtigen. Zeitlich gesehen. Die Priorisierung nimmt in unserem Beispiel jemand anderes, der sogenannte Product Owner vor. Kurz gesagt, bestimmt er, und übertragen auf den Sport könnte es der Trainer sein, das „Was". Ich nenne es auch gern das „Reiseziel". Das „Wie", oder wie das Team an das Reiseziel gelangt, ist den Teammitgliedern selbst überlassen.

Natürlich gibt es auch in solchen Projekten nicht nur schöne Aufgaben, jedoch ist es ein himmelweiter Unterschied, ob man freiwillig staubsaugt oder ob man von der Freundin dazu verdonnert wurde.

Was kann dies nun übertragen auf unsere Arbeit mit Sportlern bedeuten?

Folgenden Nutzen und Vorteile möchte ich in Aussicht stellen, wenn wir unsere Arbeit mit Sportlern auf das Pull-Prinzip umstellen:

24 Freiwilligkeit und „Pull-Prinzip" 139

- Deutlich höhere Motivation des Sportlers, denn das Prinzip berücksichtigt die Tagesform und die natürlichen Schwankungen und Neigungen des Sportlers.
- Bessere Wettkampfergebnisse
- Mehr Freude an der Trainingsarbeit
- Das Risiko zum Abbruch der Leistungssportlaufbahn sinkt
- Bessere Kommunikation zwischen Trainer und Sportler, denn die Kommunikation der zu leistenden Dinge beruht nicht mehr auf „command and controll". Wie viele Trainer hoffen und bangen täglich in ihrer Arbeit, dass die Sportler bei ihren Plänen mitziehen und keinen Widerstand leisten!

Ich möchte deutlich machen, dass es nicht darum geht, dass der Trainierende nur noch tut, wozu er Lust hat. Dann würde vielleicht nur noch gemacht, was Spaß macht, und die erforderlichen Dinge, die ja – und das liegt in der Natur der Sache – vielleicht etwas weniger Spaß machen, blieben auf der Strecke. Es geht darum, dass der Trainer das „Was" und die Priorität für eine Trainingsdekade (ich schlage 1 Woche vor) festlegt, der Sportler jedoch selber entscheidet, wie er die zu leistenden Trainingsbestandteile leistet. Am Beispiel von typischer Trainingsarbeit im Tennis möchte ich folgendes konkretes Beispiel umreißen.

> **Beispiel**
>
> Der Trainer notiert in einer Liste, was in der kommenden Trainingswoche zu tun ist und priorisiert die niedergeschriebenen Dinge.
> Das könnte dann wie folgt aussehen:
>
> - 5 h Rückhand-Training
> - 5 h Vorhand-Training
> - 3 h Volleytraining
> - 3 h Aufschlagtraining
> - 3 h Fitnesstraining
> - 2 h Mentaltraining
>
> Diese simplen Beispiele richten sich in etwa nach dem, was in meiner Erfahrung als Coach und Trainer für Günter Bresnik an einer typischen Profiakademie geleistet wird. Lediglich das Mentalcoaching hat keinen festen Platz im Trainingsalltag.

Wenn das „Was" also klar ist, kann der Sportler nun freiwillig entscheiden, wann und in welcher Reihenfolge er die Dinge tut. Natürlich wird er sich dabei an eine sinnvolle Reihenfolge halten. Auch sportwissenschaftliche Erkenntnisse sollten hierbei mit in die Arbeit einfließen. Ein typischer Satz in der Trainingskommunikation kann also lauten:

> Sie wissen, was zu tun ist, womit möchten Sie beginnen?

Wenn man dies das erste Mal lebt, kann bei einem selbst – als Trainer (gerne fühlt man sich wie der Chef) – schon mal das Gefühl aufkommen: „Aber ich habe das Sagen. Ich muss doch sagen, wo es langgeht".

Bitte glauben Sie mir: Es geht nicht darum, per Ansage den Sportler im Sinne von Lenken zu führen. Menschen sind keine Maschinen. Sie lassen sich nicht steuern. Nur allzu oft wird dies geglaubt. Wenn wir es doch tun und unsere Sportler so in die Zwangsjacke stecken, steigt die Gefahr, dass der Sportler ausbrechen will, rebelliert oder gar abbricht. Viele können ein Lied davon singen auch ich.

Es geht vielmehr darum, gemeinsame Erfolge und Ziele als Team zu erreichen. Als Team aus Coach und Sportler etwas zu bewegen und Erfolge, Meisterschaften und Wettkampfsiege zu feiern. Den Sportler wahrhaftig dazu zu befähigen, das „Was" und das „Ziel" zu definieren und den Rahmen zu schaffen – das ist es, was einen wahrhaftigen „Leader" ausmacht. Den richtigen Weg dahin wird der Sportler mit unserer und weiterer beraterischer Unterstützung schon einschlagen.

Ich möchte wiederholen, was längst wissenschaftlich erwiesen ist. Menschen, die freiwillig etwas tun, sind von Natur aus motiviert. Man muss sie nicht durch Strafandrohung, Belohnung oder sonst etwas antreiben, wie es bei Tieren der Fall ist. Sie wollen es von selbst. Eines können diese intrinsisch motivierten Menschen jedoch sehr schnell: durch extrinsische Einflüsse demotiviert werden. Und dies sogar sehr schnell.

Und genau da wird häufig etwas verwechselt.

Wenn Sie sich auch in diese Hinsicht als Trainer und Coach weiterentwickeln möchten, so will ich Ihnen einmal mehr das Werk von Daniel H. Pink (2010) empfehlen!

Literatur

Pink, Daniel H. (2010) „Drive" was Sie wirklich motiviert. Salzburg: Ecowin Verlag.

25

Agilität – für die Trainingsarbeit aus modernen Organisationen lernen

Zusammenfassung In diesem Kapitel beschäftigen wir uns mit den Fragen: Was ist Systemisches Coaching? Wo liegen die Ursprünge dieser Beratungsform und was sind ihre Ziele?

> Das haben wir hier schon immer so gemacht!
> Never change a winning Team!

Diese und ähnliche Aussagen begegnen mir immer wieder im systemischen Coaching während der Arbeit im Unternehmenskontext. Weit gefehlt kann ich da nur sagen. Das gut funktioniert hat, was wir schon immer so gemacht haben, mag unbestritten sein. Jedoch gilt diese Aussage nur für die Vergangenheit. Denn nur eines ist in unserer schnelllebigen Zeit, die sich durch Vernetzung und Transparenz durch das Web auszeichnet, sicher: die Veränderung. In den Jahrmillionen unserer Erde waren die Organismen die „erfolgreichsten", die es am besten geschafft haben, sich anzupassen. Es gibt Beispiele im Sport, die sehr schön zeigen, wie schnell sich der Erfolg reduzieren kann, wenn man immer nur noch mehr vom selben macht, ohne sich zu verändern, während die anderen in der Umwelt es doch tun.

> **Beispiel**
>
> Rafael Nadal ist eines dieser guten Beispiele dafür, warum es wichtig ist, am Zahn der Zeit zu bleiben, offen und bereit für Veränderung zu sein und ständig zu forschen, was in der Umwelt so passiert. Jahrelang war er auf dem Untergrund des roten Sandes auf den weltweiten Tennisplätzen unangefochten und galt irgendwann als nahezu unbesiegbar. Dies hat sich in kürzester Zeit dann stark verändert. Die anderen holten gnadenlos auf. Die bezeichnende Situation schlechthin war die Aussage seines Trainers und gleichzeitig Onkels, Toni Nadal, der in einem Interview preisgab, dass sich das Spiel zuungunsten seines Schützlings und Neffen Rafael stark verändert habe. Diese Aussage zeigt mir, dass das Team Nadal einen Teil seiner Hausaufgaben vernachlässigt hat. Gefühlt haben sie über Jahre immer mehr vom selben getan, immer mehr und intensiver trainiert. Doch wenn man immer nur mehr vom selben macht und dies vielleicht schneller und produktiver, dann entsteht noch lange nichts Neues. Und genau das ist ihnen zum Verhängnis geworden. Die beiden ersten Sätze dieses Kapitels würden wunderbar auf die Situation passen: Wir waren erfolgreich, never change a winning team. Wir haben das schon immer so gemacht. Genau, wir waren erfolgreich.

Unser Beispiel zeigt sehr deutlich, dass es neben und/oder auf dem Tennisplatz jemanden braucht, der fernab von Schlag- und Lauftraining sowie Kraftübungen die richtigen Impulse setzt und vor allem die richtigen Fragen stellt:

> **Fragen**
> - Wo stehen wir sportwissenschaftlich?
> - Sind unsere Methoden zeitgemäß?
> - Was vernachlässigen wir?
> - Welchen Fehler machen wir wieder und wieder?
> - Woran wollen wir unbedingt festhalten und warum?
> - Wo läuft es optimal und wie können wir mehr davon machen?
> - Wofür geben wir das meiste Geld aus?

Solche und andere Fragen durch jemanden, der etwas von Coaching versteht, können die Aufmerksamkeit lenken – die Aufmerksamkeit des Sportlers aber auch des ganzen Gespanns. Systemische Fragen lenken die Aufmerksamkeit auf blinde Flecken, auf Ressourcen und Dinge, die vorhanden sind. Das systemische Coaching konzentriert sich auf das Gelingende und möchte es verstärken, statt das Schwache zu vermeiden und zu schwächen.

Zurück jedoch zur Agilität. Was können wir als Sportler/Trainer hier aus Unternehmen lernen, die sich als wahrhaft agil bezeichnen können?

Letztlich beschreibt das agile Manifest, was agil im Unternehmenskontext bedeutet. Es lässt sich wunderbar auf den Sport übertragen und besteht in Summe aus nur 4 Punkten.

1. Funktionierende Produkte sind wichtiger als ausführliche Dokumentation.
2. Reagieren auf Veränderung ist wichtiger als einem strikten Plan zu folgen.
3. Zusammenarbeit ist wichtiger als Prozesse und Tools.
4. Zusammenarbeit mit Kunden ist wichtiger als Vertragsverhandlungen.

Wollen wir dieses agile Mindset auf unsere Arbeit im Sport adaptieren, so möchte ich mich im Folgenden auf den 2. Punkt des Manifests konzentrieren.

> Reagieren auf Veränderung ist wichtiger als einem strikten Plan zu folgen.

Dies klingt zunächst recht menschlich und plausibel, jedoch wenden Unternehmen ganz gezielt sich ständig wiederholende sogenannte Retrospektiven an, um die nötigen Veränderungen für den Erfolg proaktiv zu treiben, statt „nur" zu reagieren. Es gilt eben auch mal, Innovator zu sein – sprich: der Erste – und nicht immer nur zu reagieren.

Was heißt das? In dem in Kap. 22 beschriebenen Retrospektiven-Meeting ist die Meinung aller Teammitglieder gefragt. Zu einem festgelegten, sich alle 2 Wochen wiederholenden Termin, versammeln sich die Teammitglieder und befassen sich mit den folgenden Fragen:

- Wovon wollen wir weniger? (Frustabbau)
- Was gelang richtig gut und wie bekommen wir mehr davon?
- Was wollen wir verbessern?

Es gibt viele Methoden, diese Fragestellungen zu behandeln, jedoch ist der Kern der Fragen immer derselbe. Es geht darum, den gemeinsamen Arbeitsprozess immer und immer wieder zu verbessern und auf den Prüfstand zu stellen. Es ist wunderbar zu sehen, wie sehr sich die Zusammenarbeit auf positive Weise verändert und verbessert, wenn man sie immer wieder einer lösungsorientierten und systemischen Prüfung unterzieht. Und das mit dem Blick der verschiedenen Kompetenzen und Teammitglieder. Schon nach einigen Durchläufen ist das, was mal war, gar nicht mehr mit dem zu vergleichen, was nun ist. So verändert sich auch die Zufriedenheit der beteiligten Personen stetig auf positive Weise. Entscheidend ist, dass eine gewisse Offenheit und Bereitschaft zur Veränderung herrschen, denn diese ist nicht immer einfach. Ungern verlassen wir die Komfortzone, denn sie gibt uns Stabilität und Sicherheit. Sie birgt aber auch Gefahren. Gefahren, wie dem Schritttempo des Wettbewerbs nicht „Schritt" zu halten. Veränderung ist also erforderlich.

Um noch einmal auf das Beispiel Sport zu kommen, stelle ich mir manchmal folgende spannende Fragen:

Was wäre geschehen, wenn Jürgen Klinsmann in seiner Trainerrolle nicht einen wahren Wandel in die Arbeit der deutschen Fußballnationalmannschaft gebracht hätte? Und was wäre gewesen, wenn Rafael Nadal vor einigen wenigen Jahren einen Trainerwechsel vorgenommen und nicht mehr weiter mit dem Trainer gearbeitet hätte, der ihn schon als Kind betreut hat?

Letztlich können wir uns verbiegen, wie wir wollen, wenn wir uns nicht verändern, dann tut es eben jemand anderes. Boris Gloger, CEO einer Unternehmensberatung und Buchautor hat es einmal schön beschrieben: Wenn wir die Schrauben immer nur fester ziehen, dann drehen sie irgendwann durch (Gloger 2014).

Literatur

Gloger, Boris Selbstorganisation braucht Führung: Die einfachen Geheimnisse agilen Managements. München: Carl Hanser Verlag 2014.

26

Interview mit Erwin Skamrahl: Ein Spitzensportler zum Thema mentales Coaching im Leistungssport

Zusammenfassung Der erfolgreiche deutsche Leichtathlet und Olympiateilnehmer, Erwin Skamrahl, weiß aus eigener Erfahrung, worauf es ankommt, wenn man Spitzenleistungen erreichen möchte. In einem Interview spricht er über mentales Coaching, was es für ihn bedeutet und welche Chancen er durch mentale Begleitung sieht.

Erwin Skamrahl, einst Spitzensprinter über die 100 und 200 m in den 80er-Jahren weiß aus Erfahrung, worauf es ankommt, möchte man Spitzenleistungen erreichen. In den 80er-Jahren war er zu Gast bei den Olympischen Spielen und durfte mehrfach die deutsche Meisterschaft im Sprint sein Eigen nennen. Am Rande einer gemeinsamen Trainingseinheit auf dem Tennisplatz sprach er mit mir über mentales Coaching, was es für ihn bedeutet und welche Chancen er durch mentale Begleitung sieht.

Erwin, vielen Dank, dass du dir die Zeit für unser Gespräch genommen hast. Wie sah das damals bei dir aus? Wurde mentales Coaching zu deiner aktiven Zeit eingesetzt und wie sah das aus?

Erwin Skamrahl: Ich hatte damals das Privileg, mit einem Psychologen sprechen zu dürfen, ganz nach Bedarf. Denn dies war lange nicht gang und gäbe in der Leichtathletik. Wir haben über ganz allgemeine Dinge gesprochen, die sich auch neben dem Sportplatz abspielten. Denn nur wenn der Kopf frei ist, werden Höchstleistungen möglich. 9 ganze Jahre bis zum Ende meiner Laufbahn 1987 bei den deutschen Meisterschaften in Hamburg wurde ich diesbezüglich begleitet.

In wie weit hat dir das damals geholfen?

Erwin Skamrahl: Mir hat das damals sehr geholfen. Ich war allerdings auch offen für die Arbeit mit einem Spezialisten. Andere haben und hätten das eher abgelehnt. Ich würde heute sagen, dass mir diese Arbeit abseits des Sportplatzes zu mehr Selbstbewusstsein verholfen hat. Auch wurden meine Leistungen konstanter und ich hatte ständig die Möglichkeit, durch erlernte Methoden zu checken, ob der Körper bereit und in Ordnung ist. Ich glaube, dass es aber auch in Sportarten wie der Leichtathletik eine ganz andere Taktung braucht, weil wir gezielt auf einen Moment, einen Wettkampf hin trainieren. Ganz anders ist das ja im Tennis oder Fußball, wo es ständig gilt, Leistung abzurufen. Generell kann man sagen, dass Mentalcoaching damals kein Thema in der Leichtathletik war. Wie das heute ist, kann ich schon gar nicht mehr beurteilen. Dafür bin ich mittlerweile nur noch interessierter Zuschauer.

Ist deiner Meinung nach Mentalcoaching für nahezu alle Sportarten geeignet?
Erwin Skamrahl: In jedem Fall. Das Wichtigste ist, dass der Sportler offen ist. Im Tennis ist Dominic Thiem für mich das beste Beispiel in der Aufstellung seines Teams. Er will von allem nur das Beste und das wirkt sich sichtbar auf seine Leistungen aus. Auch Boris Becker ist für Novak Djokovic die beste Wahl. Dieser strahlt nahezu seit einiger Zeit eine Unbesiegbarkeit aus, die es so vielleicht vorher im Tennis noch nie gab. Da hat der Gegner mental schon verloren, wenn er mit Novak den Platz betritt. So viel also zur inneren Einstellung schon vor dem Beginn des Wettkampfes. Was andere Sportarten angeht, denke ich, dass Mentalcoaching in jedem Fall geeignet ist und einzig unterschiedliche Aspekte verfolgt. Im Teamsport kann dies zum Beispiel auch heißen, einen Einzelgänger zum Teamplayer zu machen.

Welchen zeitlichen Anteil sollte deiner Meinung nach das mentale Coaching in der Trainingsarbeit erhalten? Sagen wir vielleicht pro Woche…
Erwin Skamrahl: Das ist schwer zu benennen. Völlig klar ist, dass eine ständige Begleitung durch den Coach erfolgen sollte. Wenn es geht – also unabhängig vom Geld – sollte der Mentalcoach fester Bestandteil des Teams sein und so mit dem Sportler zusammen entscheiden, wie groß der Bedarf der gemeinsamen Arbeit sein soll. Wichtig ist dabei, dass die Sportler und das gesamte Team, wie der Mentalcoach, offen für ständige Veränderung sind. Die Welt und die Anforderungen ändern sich so schnell, dass dies einfach erforderlich ist. So kann es sein, dass man phasenweise täglich mit dem Mentalcoach spricht. Beispielsweise

in Wettkampfphasen. In anderen dann vielleicht wieder wöchentlich. In jedem Fall, so meine Meinung, ist das, was an den Profischmieden angeboten wird, in meinen Augen viel zu wenig.

Man spürt, wie sehr du dich noch mit dem Sport auseinandersetzt, auch wenn deine aktive Karriere als Athlet schon vorüber ist. Was macht deiner Meinung nach die absolute Weltspitze im Sport anders als der Rest? Was unterscheidet sie?

Erwin Skamrahl: Das sind in meinen Augen mehrere Dinge:

- Die Einstellung zum Sport und zur Arbeit im Allgemeinen. Novak Djokovic und Roger Federer sind hier die bekanntesten Vorbilder. Ebenso wie Rafael Nadal.
- Talent und ein „gesundes Sportlerleben". Damit meine ich die Verletzungsfreiheit. Roger Federer war deswegen so lange so gut, weil er über die gesamte Karriere nahezu verletzungsfrei blieb. Seine Athletik und saubere Technik machten ihm dies möglich. Rafael Nadal ist für mich hier das krasse Gegenbeispiel, was sich durch seine vielen Verletzungen schon in jungen Jahren gezeigt hat.
- Der mentale Aspekt. Also die Fähigkeit, in entscheidenden Momenten im Kopf das zu tun, was wichtig ist. Auf und neben dem Platz. Heiligabend zu trainieren beispielsweise gehört für mich auch dazu. Die Besten halten im entscheidenden Moment des Wettkampfes ihr Niveau oder werden sogar noch besser. Andere hingegen fallen unter dem steigenden Druck ab. Usain Bolt zum Beispiel ist immer wieder in der Lage, die beste Leistung im Finale abzurufen. Andere hingegen wollen dann

vielleicht zu viel oder zu wenig. Verhalten sich übertrieben oder passiv. Auch Bastian Schweinsteiger hat sich hier enorm entwickelt. A) wurde er zu einer herausragenden Führungsperson auf dem Platz und B) ist er offen ersichtlich in Finalen besser als in Vorrunden.

Deine Sicht auf das Thema ist sehr umfassend. Vieles habe ich selber so noch gar nicht gesehen. Wer sind für dich die herausragenden Sportler auf mentaler Ebene?
Erwin Skamrahl: Da fallen mir einige ein. Zum Beispiel Basti Schweinsteiger sowie früher Carl Lewis oder Edwin Moses. Auch Phelps ist für mich ein gutes Beispiel. Im Tennis möchte ich noch Milos Raonic erwähnen. Zum Zuschauen zwar etwas langweilig, weil er keine Regung zeigt, ist er dennoch mental schon sehr weit entwickelt, trotz des jungen Alters. Er ist extrem fokussiert, spielt sein Spiel und das kompromisslos. Man hat den Eindruck, ihn interessiert nicht im Geringsten, wie es steht. Er spielt sein Spiel. Und das mit immer größer werdendem Erfolg.

Die größte Entwicklung auf mentaler Ebene sehe ich jedoch bei Schweinsteiger und Federer. Wenn man sich Videos von ihnen von vor 10 bis 15 Jahren ansieht, dann haben sich diese Charaktere auf dem Platz völlig verändert. Besonders Federer war völlig cholerisch veranlagt und hat viel Material zerstört. Junge Spieler, die ihn erst seit einigen Jahren verfolgen, können sich dies gar nicht vorstellen. Er ist DAS Paradebeispiel für mentale Entwicklung. Wie er das gemacht hat, ist leider wenig bekannt.

Man merkt, dass du mittlerweile im Tennis zu Hause bist. In deiner Altersklasse gehörst du ja auch hier zu Deutschlands Besten. Wie schätzt du die Wichtigkeit

von mentaler Begleitung für insbesondere Sportler im jugendlichen Alter ein?

Erwin Skamrahl: Extrem wichtig. Wir leben derzeit in einer völlig leistungsbezogenen Burn-out-Gesellschaft. Immer höher, schneller, weiter ist das Motto. Schon in unseren Schulen. Dazu kommt, dass auf großen Sportlern ein unglaublicher Druck lastet, weil es in der medialen Welt des 21. Jahrhunderts um viel mehr geht, als auf dem Platz zu glänzen. Man will alles von den Sportlern. Vor allem natürlich Leistung. Darüber hinaus sollen es dann bitte noch tolle Charaktere sein – echte Typen eben. Attraktiv und fit im Umgang mit Medien dann bitte auch noch. Das geht einfach nicht. Und weil die Anforderungen so hoch sind, ist es für mich besonders wichtig, dass schon Kinder und Jugendliche einen Gesprächspartner haben, der sich auskennt. Die Trainer oder Eltern können das meist nicht leisten. Das Kind/der Jugendliche muss vor allem verstehen, dass sein Wert nicht von seiner Leistung abhängt und dass es Dinge außerhalb des Ports gibt. Zu groß ist sonst auch die Gefahr nach gelungener Karriere, dass der Sturz ins große Loch nach dem Rücktritt vom Sport folgt. Viele traurige und berühmte Beispiele belegen dies. Leider gibt es sogar zahlreiche Fälle, wo das Leben des Sportlers im Drama endete.

Eine Begleitung aus mentaler Sicht ist für mich also mittlerweile in allen Sportarten und Altersklassen unabdingbar, wenn es darum geht, eine professionelle Wettkampflaufbahn einzuschlagen.

Erwin, ich danke dir für deine Zeit und dieses Gespräch.

27

Was wirklich zählt

Zusammenfassung Wie funktioniert das eigentlich mit dem glücklichen Leben? Das letzte Kapitel beschäftigt sich mit dem, „was im Leben wirklich zählt". Es geht vor allem darum, zu sich selbst zu finden und die Dinge zu tun, die entscheidend für unser Lebensglück sind.

Ein Wort zum Schluss. Ich habe während des Schreibens meines Buches mit wenigen Menschen darüber gesprochen, was ich hier gerade tue. Ich wollte lieber erst mal „liefern", bevor ich begeistert davon berichte, dass ich ein Buch schreibe. Eine Freundin, bei der ich meinen Mund dann aber doch nicht halten konnte, fragte mich, ob die Erkenntnisse aus dem Buch auch auf die Arbeitswelt übertragbar seien? Ja, das sind sie! Aus diesem Grunde möchte ich mein letztes Kapitel all jenen widmen, die das Buch vielleicht aus „sportlichen Gründen" oder wegen des Titels gekauft haben, die jedoch eher oder auch einen beruflichen Nutzen ziehen wollen, so der Sport denn nicht ihr Beruf ist.

Das letzte Kapitel beschäftigt sich damit, was im Leben wirklich zählt. Es geht darum, zu sich selbst zu finden und die Dinge zu tun, die entscheidend für unser Lebensglück sind. Ich habe bereits in Kap. 23 von dem 3-monatigen „Glücksexperiment" berichtet. Ca. 270 Einträge sind so in meinem „Glückstagebuch" zusammengekommen und ich habe ein paar sehr wichtige Dinge erfahren können. An diesen möchte ich Sie teilhaben lassen:

1. Von all den Dingen, die mich glücklich gemacht haben im Laufe des Glücksexperiments, hat NICHTS Geld gekostet.
2. Die meisten Dinge, die mich glücklich gemacht haben, haben mit den mir am nächsten stehenden Menschen zu tun.
3. Das Glück war jeden Tag anwesend. Ich hab nur eines im Vergleich zu „vor dem Experiment" geändert: Ich habe hingeschaut und jeden Tag als „gut" bezeichnet.
4. Glück ist kein Zustand am Ende einer Suche. Es ist anwesend. Gestern wie heute und morgen. Es ist in uns und wird maximal von außen ausgelöst.

Als wahren Luxus empfinde ich es derzeit, gerne zur Arbeit zu gehen. Die Arbeit im Team und die Tatsache, Teil von etwas zu sein, mit den Kollegen zu lachen, erfüllt mich mit Freude. Bis hier war es ein langer steiniger Weg mit vielen Tälern. Eines habe ich jedoch nie: mich abgefunden. Wenn man es schafft, ein konkretes Bild davon zu entwickeln, wie die Dinge sein sollen, statt von einem Job in den nächsten zu flüchten, dann wird harte leidenschaftliche Arbeit an der Verwirklichung der eigenen Träume auch belohnt. Um dies ein wenig zu verdeutlichen, möchte ich einen meiner Blogbeiträge aus 2016 anführen.

> Harvard-Absolventen bewerben sich nicht, sie erfinden einen Beruf.

Dieser Satz fiel in einem bekannten Hollywood-Film (Social Network) und brachte mich vor einigen Jahren sehr zum Nachdenken.
Lars Amend, deutscher Autor und Live-Coach, gab mir dazu mal ein schönes Bild:

> Du jonglierst im Leben mit 5 Bällen. Diese heißen Beruf, Familie, Gesundheit, Freunde und Beziehung. Alle sind sehr zerbrechlich. Nur einer ist aus Gummi und kann auch mal runterfallen. Der Beruf. Er ist nicht unwichtig. Aber austauschbar im Gegensatz zu den anderen Bällen!

Dieses Bild, seine Richtigkeit ist zweitrangig, hat mich stark beeinflusst und umdenken lassen. Es hat mich veranlasst, über das nachzudenken, worauf es für mich wirklich ankommt. Immerhin bin ich ja in den so genannten besten Jahren. Muss ich da nicht besonders viel auf die Beine stellen? Karriere machen? Geld verdienen wie verrückt und vorsorgen, was das Zeug hält? Für Sicherheit sorgen?
Das Bild des Jonglierens half mir beim Sortieren. Es rückte mein Bild gerade. Das Bild, das ich zuvor von der Arbeit und ihrer Wichtigkeit hatte. Völlig definierte

ich mich über den Job. Dank des Bildes konnte ich das entschärfen und mir klar machen, was mich glücklich macht. Vor allem ist es Zeit mit Freunden und Dinge, die ich von Herzen gerne tue, wie meinen Sport. Natürlich ist die Arbeit wichtig, sehr sogar. Aber es relativiert sich, wenn man in einer Auszeit, gewollt oder ungewollt, einmal spüren durfte, dass man sich auch ohne sie ganz, wertvoll und vollkommen fühlen kann. Arbeit ist natürlich auch deshalb wichtig, weil sie uns neben vielem anderen ein Auskommen liefert. Von manchen fälschlicherweise als „Sicherheit" bezeichnet. Sicherheit ist ein Konstrukt, ein Glaube, ein Gedanke. Und ja, gut dass es ihn gibt. Aber mehr als das ist es eben auch nicht.

Ich glaube, die sich diesbezüglich am sichersten fühlende Personengruppe besteht aus VW-Mitarbeitern. Doch auch dort kracht es derzeit ordentlich im Gebälk, Provisionen fallen aus, Verträge werden nicht verlängert. Da spürt der ein oder andere auch auf einmal „Ups, sind wir wirklich sicher?"

Fragen Sie sich: Was brauchen Sie, um sich sicher zu fühlen? Wann fühlten Sie sich sicher? Was können Sie aktiv herstellen? (sehen Sie aber von Ihrem sicheren Job ab)…

Immerhin gibt es Völker, die sich nachgewiesenermaßen sehr glücklich fühlen, die jedoch keinen Internetzugang oder keine betriebliche Altersvorsorge haben. Ich schreibe dies, denn auch Ihnen sollte es möglich sein, Ihre Träume zu leben, ohne sich ständig von der ach so großen Sicherheit abhalten zu lassen. Wie sagt mein Coach so schön: „Immer der Angst entlang"… Entwicklung findet außerhalb der Komfortzone statt. Gehen Sie dahin, wo sich Ihre Angst befindet und Ihre Angst verschwindet.

Wann haben Sie sich im Leben besonders glücklich oder lebendig gefühlt? War das zu Zeiten absoluter Sicherheit? Lassen Sie mich raten…

Ich möchte einen krassen Gegensatz zeigen:

1. Ich bin Freiberufler und weiß nicht wirklich, was in sagen wir mal 4 Monaten beruflich „ist".
2. Mein Wochenstart am Montag: Ich verbrachte die Zeit mit Schreiben und guter Musik in einem netten Co-Working-Büro, um mittags selber ein Coaching in Anspruch zu nehmen, von dort zur Gesangstunde zu fahren und wieder für 3 h ins Büro zurückzukehren. Zu Hause angekommen führte ich per Skype ein Coaching mit einer Profisportlerin durch, die sich zu diesem Zeitpunkt nahe Mauritius bei einem Wettkampf aufhielt. Danach noch eine Stunde Akquise auf dem Sofa. Feierabend um 22 Uhr. Ein perfekter Arbeitstag.

Diese Rahmenbedingungen haben nichts mehr mit dem zu tun, was ich mal für richtig und sicher hielt. Aber es ist es allemal wert. Ich lerne momentan eines: Ich tue die Dinge, die ich tue, freiwillig. Niemand zwingt mich dazu. Wahrscheinlich kann ich auch deshalb momentan von großem Wohlbefinden sprechen. Die Tatsache, dass ich nicht weiß, wo oder für wen ich in 4 Monaten arbeite, ignoriere ich nicht. Ich tue vor allem eines: Ich pflege Kontakte und lasse mich „blicken". Auch dies war eine wichtige Erkenntnis eines Coachings. „Zeigen Sie der Welt, dass es Sie gibt, und teilen Sie Ihre Erfahrungen"… Natürlich arbeite auch ich gerade. Aber ich tue es in einem Bereich, der mir voll und ganz gefällt, der mir zwar keine

Sicherheit auf ewig verspricht, ich bin ja kein Beamter, aber der mir Zeit lässt, beim Schreiben auf neue Ideen zu kommen. Das ist in 12 Jahren als Augenoptiker, glaube ich, einmal vorgekommen. Aus Versehen:)

Erinnern Sie sich an das oben genannte Zitat aus dem Film „Social Network" („Absolventen bewerben sich nicht, sie erfinden einen Job"). Also kreieren Sie Ihre Welt und tun Sie so, als seien Sie schon da. Die Ideen werden kommen. Wenn Sie ihnen den Platz dafür geben in Ihrem Kopf. Denn eines stirbt zuerst, wenn Sie tagein tagaus mit dem beschäftigt sind, was Sie nicht erfüllt: die Kreativität.

Wenn Sie das Geld nicht bräuchten, würden Sie Ihren jetzigen Job dennoch ausüben? Was würden Sie fühlen nach dem ersten Schock, wenn Sie Ihr Arbeitgeber morgen kündigt?

In vielen Büchern und Artikeln zur Selbstverwirklichung steht am Ende leider nicht, wie man die Miete zahlt, wenn man seinen Traum verwirklicht. Ich möchte es ein wenig besser machen und Gedankenreize geben, wie man sich heute finanzieren kann.

> **Beispiel 1**
>
> Sie haben eine tolle Firmenidee, wissen aber nicht, wie sie Ihre Räume finanzieren sollen?
>
> - Beginnen Sie mit einem Co-Working-Büro. Erschaffen Sie vielleicht selber eines, sprich: Vermieten Sie weitere Arbeitsplätze
> - Lesen Sie den Inhalt dieses Links: http://thechanger.org/job-mit-sinn-karriere-ratgeber.pdf?pdf=Karriere-mit-Sinn

> **Beispiel 2**
>
> Sie müssen so viele Kosten wie möglich einsparen?
>
> - Vermieten Sie ein Zimmer bei Airbnb
>
> Was können Sie besonders gut?
>
> - Mittlerweile gibt es für fast alle Dienste ein Portal und Sie können Ihre Dienste anbieten, in einem Rahmen, der Ihnen passt, z. B. über fleissigebiene.com
> - Kein Weg umsonst. Nehmen Sie Mitreisende über Mitfahrgelegenheiten mit.

Ich erzähle nichts Neues? Umso besser. Warum sitzen Sie dann noch auf Ihrem Bürostuhl und schauen auf die Uhr? Ich gratuliere allen, die für ihren Traum arbeiten und nicht fürs Wochenende.

Es gibt immer einen Weg, auch wenn er lang ist. Wenn Sie wissen, wofür, dann lohnt sich jeder Schritt. Das Ziel sollten Sie natürlich kennen. Was hält Sie ab? Kennen Sie es vielleicht gar nicht so genau? Oder schreckt Sie ab, dass Sie den Weg nicht kennen? Ist es wichtig, dass man den schnellsten Weg nach Rom fährt? Mit Sicherheit ist er jedenfalls nicht der schönste. Haben Sie schon einmal eine Krise gemeistert? Dort wurden Sie gezwungen, einen Weg zu finden. Und Sie haben es geschafft. Welche Ihrer Eigenschaften hat Ihnen den Weg bereitet? Sie kann es wieder. Diesmal für eine Vision. Ihre. Hinfallen bedeutet lernen. Fragen Sie sich, woran Sie jetzt schon reich sind – Sie sind es! Und Ihr Reichtum kann Ihnen helfen. Reichtum ist ein Geisteszustand!

If you have any concerns about our products,
you can contact us on
ProductSafety@springernature.com

In case Publisher is established outside the EU,
the EU authorized representative is:
**Springer Nature Customer Service Center GmbH
Europaplatz 3, 69115 Heidelberg, Germany**

Printed by Libri Plureos GmbH
in Hamburg, Germany